ro
ro
ro

rororo

HJORTH & ROSENFELDT

Feste feiern, wie sie fallen
Im Schrank

Aus dem Schwedischen
von Ursel Allenstein

Rowohlt Taschenbuch Verlag

Die Erzählungen der vorliegenden Ausgabe wurden folgenden Bänden entnommen:
«Feste feiern, wie sie fallen» Copyright © 2012 by Rowohlt Verlag GmbH, Reinbek bei Hamburg, ist erschienen in: «Tatort Tannenbaum. Kommissare feiern Weihnachten», herausgegeben von Friederike Ney.
«Im Schrank» Copyright © 2013 by Rowohlt Verlag GmbH, Reinbek bei Hamburg, ist erschienen in: «Jul-Morde. Skandinavische Weihnachtskrimis», herausgegeben von Sibylle Klöcker.

3. Auflage Februar 2021

Veröffentlicht im Rowohlt Taschenbuch Verlag,
Reinbek bei Hamburg, November 2016

Umschlaggestaltung
HAUPTMANN & KOMPANIE Werbeagentur, Zürich
Umschlagabbildungen plainpicture/Millennium/
Ilona Wellmann; shutterstock.com
Satz aus der Baskerville
bei Pinkuin Satz und Datentechnik, Berlin
Druck und Bindung
CPI books GmbH, Leck, Germany
ISBN 978 3 499 29073 2

Feste feiern, wie sie fallen

Torkel Höglund sah sich müde in seinem Büro um.

Dass er aber auch nie lernte, vor der jährlichen Weihnachtsfeier sein Büro abzuschließen. Sie hatte gestern stattgefunden, und jetzt standen wie immer halbleere Plastikbecher mit Glögg im Raum verteilt herum. Er vertraute seinen Kollegen zwar und wusste, dass sie aus seinem Büro nichts mitgehen lassen würden. Trotzdem ärgerte er sich darüber, dass jedes Fest in seinem Zimmer enden musste. Vermutlich lag es an den Sofas. Sie waren groß, bequem und luden zu Knutschereien und mehr ein. Und den Leuten gefiel es, beim letzten Betriebsfest des Jahres alle Hemmungen über Bord zu werfen. Er selbst hatte lediglich in der Kantine etwas gegessen und getrunken und war gegen elf nach Hause gegangen. Als er sich nach dem Papierkorb bückte, erlebte er gleich die nächste Überraschung. Irgendjemand hatte vergeblich versucht, einen Plastikteller hineinzuwerfen. Deshalb klebten auf seinem Teppich jetzt Reste des üppigen Weihnachtsbuffets. Er wollte gerade hinausgehen, um einen Schuldigen zu suchen, den er zusammenstauchen konnte, als sein Handy vibrierte.

Es war Yvonne. Seine Ex-Frau. Er hatte gehofft, dass sie inzwischen aufgegeben hätte. Sie hörte ihm die schlechte Laune sofort an.

«Ist etwas passiert?», fragte sie, nachdem er sie begrüßt hatte.

«Nein, nein», antwortete er betont munter, fest entschlossen, sie nicht in die kleinen Ärgernisse seines Alltags einzuweihen. Er wusste, warum sie anrief. Das Weihnachtsessen bei ihrer Schwester Bea auf dem Familienhof außerhalb von Gävle. Eine Tradition in ihrer Familie, vor der er sich in den letzten Jahren erfolgreich gedrückt hatte. Einer der Vorteile an seiner Scheidung.

«Vilma glaubt, du willst nicht kommen, weil Christoffer auch kommt», sagte Yvonne, nachdem Torkel erneut seine Teilnahmeverweigerung bekundet hatte.

«Ihr wisst doch, dass das nicht stimmt», erwiderte Torkel wahrheitsgemäß. Er hatte kein Problem damit, dass Yvonne einen neuen Mann kennengelernt hatte. Ganz im Gegenteil, er freute sich sogar für sie. Christoffer schien in Ordnung zu sein. Aber er hatte sich wirklich danach gesehnt, zu Hause seine Ruhe zu haben. Es war ein anstrengendes Jahr gewesen, und er hatte sich auf ein paar freie Tage ganz nach seinem Gusto gefreut. Elin und Vilma würde er ohnehin zwischen den Jahren treffen, wenn sie es wollten. Es sollte Torkels Weihnachten werden, nicht Beas Weihnachten. «Aber ich hatte doch noch nie viel für Familienfeiern übrig!»

«Ja, ich weiß. Aber Bea würde nun mal gern alle zusammenbringen. Wie gesagt könnte es Rolfs letztes Weihnachten sein.»

«Das haben sie letztes Jahr auch schon behauptet», entgegnete Torkel trocken, «und werden es nächstes Jahr vermutlich wieder tun.»

Yvonne lachte. Seit ihrer Scheidung führten sie

diese Diskussion jedes Jahr. Aber diesmal schien es, als läge ihr wirklich etwas daran, dass er mitkäme.

«Sein Zustand hat sich sehr verschlechtert. Er hat noch einen Schlaganfall erlitten und ist seitdem fast vollständig gelähmt.»

Torkel fühlte sich in die Ecke gedrängt. Jemandem, der so krank war, konnte man natürlich nur schwer etwas ausschlagen, auch wenn er insgeheim den Verdacht hegte, dass es Rolf ziemlich egal war, ob er da war oder nicht. Garantiert steckte hinter dem Ganzen allein Bea. Sie war diejenige, die sich eine große und traditionelle Weihnachtsfeier mit vielen Verwandten und Freunden wünschte, deren strahlender Mittelpunkt sie als Gastgeberin war. Sie wollte der Nabel sein, um den sich das perfekte Weihnachten drehte. Die Matriarchin spielen, obwohl sie das jüngste unter den Geschwistern war. Mit Rolfs Schlaganfall hatte sie das perfekte Mittel gefunden, um alle nach ihrer Pfeife tanzen zu lassen.

«Torkel, bitte!», flehte Yvonne. «Natürlich wird sie wieder einen großen Zirkus veranstalten, aber es könnte doch auch ganz nett werden. Und du bist trotz allem ein Teil der Familie.»

Torkel wartete schweigend ab und überlegte, ob sie ihre letzte Karte ausspielen würde. Den Trumpf, der ihn zum Nachgeben bewegen würde.

«Die Mädchen würden sich so freuen, wenn du da wärst!»

Sie tat es. Torkel betrachtete die Überreste der Weihnachtsfeier im Zimmer. Die weihnachtlichen Zwänge drängten sich ihm von allen Seiten auf, sosehr er ihnen auch zu entgehen versuchte. Weihnachten war nun mal so. Ein obligatorisches Beisammensein. Ob man wollte oder nicht.

Sebastian Bergman brauchte nicht im Kalender nachzusehen, um zu wissen, welches Datum heute war. Der 23. Dezember. Einer der schrecklichsten Tage des Jahres. Unter den Top 5 auf der Elendsliste, vielleicht sogar unter den ersten drei Plätzen. Es war schwierig, eine Rangliste seiner Miseren aufzustellen, aber eines wusste er: Der zweite Weihnachtstag war am schlimmsten. Dann kamen all die anderen Tage vor und nach Weihnachten, die sich wie ein Ring aus Schuld und Angst darumlegten. Das war nicht immer so gewesen. Früher hatte er Weihnachten im normalen Maße gehasst, mehr als gewöhnliche Feiertage, aber nicht mehr als andere Familienfeste wie Ostern oder Mittsommer. Große Zusammenkünfte, bei denen die Menschen alles dafür taten, die Illusion aufrechtzuerhalten, dass sie glücklich miteinander waren, hatten ihn schon immer abgeschreckt. Wir sind eine Familie, sagten die Leute einander. Uns geht es gut, und wir sind gern zusammen.

All die verlogene Intimität, nur weil der Mensch es nicht erträgt, der Wahrheit ins Auge zu sehen: wie einsam er ist.

Obwohl das auch nicht ganz stimmte. Er wusste, dass er die Dinge vereinfachte und das nicht für alle Menschen galt. Manche hatten tatsächlich Kinder, Geschwister, Verwandte, die sie liebten und in deren Nähe sie sein wollten. Für sie waren die Feiertage eine willkommene Gelegenheit, um bei ihren Lieben zu sein.

Für ihn nicht.

Dafür hatte Weihnachten gesorgt.

Er vermisste sie so sehr. Sabine und Lily, die ihm am zweiten Weihnachtstag 2004 genommen worden waren. Dem Tag, an dem er ein neues Wort gelernt hatte: Tsunami.

Jedes Weihnachten kam die Erinnerung an sie zurück, eindringlicher und noch lebendiger. Sie ergriff von seinem gesamten Inneren Besitz, und der Verlust wurde schmerzlich greifbar. Alles kam zurück: Thailand, der Strand und Sabines kleine Hand in seiner. Das ruhige Meer vor ihm, als er noch nicht ahnte, welche Tragödie diese Stille ankündigte. Die fröhliche, lachende kleine Sabine, vier Jahre alt und schon bald kein Leben mehr vor sich. Wie er sie zunächst festhielt, dann jedoch verlor und zuließ, dass die Welle sie ihm entriss.

Das war alles, was Weihnachten jetzt noch für ihn bedeutete. Schmerz und Verlust.

Er schlug die Bettdecke zurück, stand auf und ging in die dunkle Wohnung hinaus. Der Winter draußen schien auch nicht in Weihnachtsstimmung zu sein. Kein Schnee oder Frost. Nur Dunkelheit, grauer Matsch und ein eisiger Wind, der sich durch die Kleidung biss und einem durch

Mark und Bein ging. Es war, als wäre das Wetter sein leibhaftig gewordener Schmerz.

Torkel, sein Chef in der Reichsmordkommission, hatte ihn vor einer Stunde angerufen und ihn überreden wollen, auf irgendein großes Weihnachtsessen außerhalb von Gävle mitzukommen, zu dem Verwandte seiner Ex-Frau eingeladen hatten. Sebastian hörte ihm genau an, dass er eigentlich selbst keine Lust darauf hatte. Vielleicht dachte Torkel, es würde ihm guttun, jemanden als Begleiter zu gewinnen, der noch einsamer war als er selbst.

Torkel musste einfach lernen, nein zu sagen. So wie Sebastian es ihm gegenüber getan hatte. Freundlich, aber bestimmt. *Nie im Leben, Torkel! Bist du noch ganz bei Sinnen?!*

Er musste jemanden fürs Bett finden. Das begriff er, als er in der stillen, leeren Wohnung stand. Und zwar sofort. Sex war das Einzige, was seine Angst dämpfen konnte und ihn für eine Weile vergessen ließ. Der Plan würde allerdings Sebastians vollen Einsatz erfordern. Weihnachten war auch in dieser Hinsicht eine ungünstige Zeit. Es war schwierig, ja beinahe unmöglich, jemanden aufzureißen. Die Kneipen waren leer, es gab keine interessanten Vorträge oder Kulturveranstaltungen, und die Leute rannten gestresst durch die Gegend und hatten nur ihre Weihnachtsvorbereitungen im Kopf. Es schien fast so, als wäre der Sexualtrieb kurzerhand durch den Konsum von Essen und Geschenken ersetzt worden. Und wer allein war, saß vermutlich zu Hause und bemitleidete sich selbst, ohne sich vor die Tür zu wagen. Denn das wäre wie ein Geständnis: Ich habe niemanden.

Er hasste Weihnachten.

Aus tiefstem Herzen.

Nach einer langen Reihe missglückter Kontaktversuche war er schließlich bei Lydia Hermansson zu Hause gelandet. Sie war sein letzter Strohhalm gewesen, und er war mit dieser Lösung ganz und gar nicht zufrieden. Im Grunde gab es an Lydia nichts auszusetzen. Sie war eine attraktive und intelligente Brünette um die vierzig – ihr genaues Alter hatte ihn nie interessiert. Sie hatte ein breites

Lächeln, bei dem sie viele Zähne zeigte, sie küsste gut und machte ihm nie Vorwürfe, wenn er sich monatelang nicht bei ihr gemeldet hatte. Aber sie stellte auch keine Herausforderung dar, und genau das hätte er eigentlich gerade gebraucht. Den Tanz hin zur körperlichen Annäherung. Das Spiel und die Verführung, durch die er sich lebendig fühlte und die seine übrigen Gefühle für eine Weile verdrängten. Mit Lydia hingegen war es zu einfach. Bei ihr wusste er schon, wie die Sache ausgehen würde. Und genau deswegen mochte Sebastian eigentlich keine Wiederholungen, so nett Lydia auch war.

Jetzt lag sie hinter ihm und umarmte ihn. Er wusste, dass er ihr diese Nähe im Gegenzug bieten musste, so lautete ihre stille Übereinkunft, auch wenn er nicht verstand, was sie daran fand, sich an ihn zu pressen und seinen Nacken anzublicken. Diese Umarmungen waren in erster Linie heiß, verschwitzt und unangenehm. Er starrte an die Wand, ohne ihre Berührung zu erwidern, und spürte eine wachsende Nervosität. Die Nacht mit Lydia hatte seine Angst nur noch gesteigert.

Wo sollte er bloß hingehen, um die Nächste zu finden? Es war halb acht am Morgen des Heiligen Abends. Heute jemanden aufzugabeln, würde noch schwieriger werden als gestern, um nicht zu sagen unmöglich.

«Was hast du heute vor?», fragte Lydia sanft.

«Weiß nicht. Mir einen ruhigen Tag machen, glaube ich», log Sebastian ungerührt.

«Du kannst auch hierbleiben, wenn du willst. Ich habe keine Pläne.»

Das wurde ja immer bunter. Doch vermutlich fühlte sich Lydia an Weihnachten auch einsam. Vor wichtigen Festtagen alte Geschichten wieder aufzuwärmen, war brandgefährlich, das wusste er. Zu solchen Zeiten waren alle verzweifelt und liefen Gefahr, zu viel in zwischenmenschliche Beziehungen hineinzuinterpretieren, ganz gleich, wie gering ihre Ansprüche sonst waren.

Sebastian spürte, wie sich ihm der Hals zuschnürte. Was war das nur mit diesem bescheuerten Weihnachten?

Demonstrativ stieg er aus dem Bett und begann sich anzuziehen.

«Ich glaube, das ist keine gute Idee. Ich feier nicht besonders gern Weihnachten.»

Sie entgegnete nichts, sondern stand nur schweigend auf und ging ins Badezimmer. Vermutlich hatte er sie verletzt. Schließlich hatte sie ihm nur eine einfache Frage gestellt. Noch dazu eine freundliche. Er war derjenige, mit dem etwas nicht stimmte, der nicht ganz normal war. Etwas mehr menschlicher Umgang täte ihm wirklich gut, aber die Einzige, mit der er sich so etwas vorstellen konnte, war Vanja Lithner. Seine Kollegin und Tochter, die nicht wusste, dass sie seine Tochter war und es auch nie erfahren würde. Sie hatte bereits einen Vater, Valdemar, den sie viel zu sehr liebte, als dass Sebastian mit ihm hätte konkurrieren können. Die Wahrheit würde ihr gesamtes Leben auf den Kopf stellen. Sie brechen. Das wollte er nicht, dafür mochte er sie viel zu sehr. Und echte Väter machten ihren Töchtern nicht das Leben kaputt. Er dagegen hatte ihr nicht mal einen Weihnachtsgruß geschickt. Wie sollte er sich jemals als Vater fühlen, wenn er nicht mal diese einfachen Gesten hinbekam? Er war gezwungen, irgendwo anzufangen. Als er sein Hemd angezogen hatte, holte er sein Handy aus der Tasche und schrieb einen möglichst schlichten Text. So mussten Weihnachtsgrüße sein. Nicht unbedingt im Stile Kierkegaards. Dann verschickte er den ersten Weihnachtsgruß, den er je geschrieben hatte.

Schöne Weihnachten! wünscht Dir Sebastian.

Kurz darauf piepste sein Handy.

Die erste Antwort auf seinen ersten Weihnachtsgruß. Sie wünschte ihm dasselbe und berichtete kurz, wo sie war und mit wem.

Damit hatte er im Leben nicht gerechnet.

Planänderung.

Torkel saß am Steuer, Vanja neben ihm. Er hatte gerade das Unmögliche erlebt. Vielleicht nicht unbedingt einen kosmischen, weltbedeutenden Augenblick, aber doch etwas, womit er niemals gerechnet hätte. Sebastian Bergman, der Mann, der noch nie an einen Geburtstag gedacht, nie eine einzige Ansichtskarte verschickt hatte und noch nicht einmal zur Beerdigung seiner eigenen Eltern gegangen war, hatte aus irgendeinem unerfindlichen Grund einen Weihnachtsgruß an Vanja verschickt. Die hatte sich selbst darüber gewundert und Torkel die SMS vorgelesen, die wahre Dimension jedoch nicht erfasst. Sie kannte Sebastian noch nicht lange genug, um zu verstehen, dass sie gerade Zeugin eines Wunders geworden war. Torkel wies sie nicht darauf hin. Er war froh, dass sie sich entschieden hatte, ihn nach Gävle zu begleiten. Mit Sebastians Nein hatte er schon gerechnet, aber auch dass Vanja seine Einladung angenommen hatte, war eine echte Überraschung. Ihre Eltern feierten Weihnachten in der Karibik, deshalb hatte sie nichts anderes vor.

Torkels Gedanken wanderten immer wieder zu der SMS. Versuchte Sebastian etwa, mit Vanja anzubändeln? Das war keinesfalls undenkbar. Er musste mehr darüber herausfinden.

«Ich wusste gar nicht, dass ihr ein so enges Verhältnis habt», sagte er in möglichst neutralem Tonfall.

«Ich auch nicht. Weißt du, wie er Weihnachten feiert?»

«Nein. Ich hatte ihn auch eingeladen, aber er sagte, er hätte andere Pläne.»

«Jemanden abschleppen?»

Torkel lächelte sie an. Offenbar kannte sie Sebastian doch ziemlich gut.

«Vermutlich.» Er zögerte kurz und richtete seinen Blick auf die Straße. «Zwischen euch läuft doch aber wohl nichts?», fragte er dann, noch immer, ohne sie anzusehen.

Vanja wiederum blickte ihn entgeistert an. Er begriff sofort, dass er zu weit gegangen war.

«Sebastian und ich? Bist du verrückt geworden?»

«Tut mir leid, ich musste das einfach fragen. Einen Weihnachtsgruß von Sebastian zu bekommen, ist schon etwas ziemlich Besonderes.»

«Warte mal. Ich bekomme eine SMS, und du glaubst, wir hätten etwas miteinander? Wir sind Kollegen. Das seid ihr im Übrigen auch.»

«Aber *dir* schickt er eine SMS.»

Sie fuhren schweigend weiter. Er hatte Angst,

dass Vanja es schon bereute, ihn zu begleiten. Denn dann würde die Fahrt schrecklich lang werden.

Sebastian hatte eine Weile mit Lydia zu kämpfen gehabt. Sie um Verzeihung gebeten, sie umarmt und ihr viele zärtliche Worte zugeraunt. So lange, bis ihm fast übel wurde und er sich zwingen musste, an Vanja zu denken, um nicht zu augenblicklich die Geduld zu verlieren. Plötzlich hatte sich ihm eine phantastische Chance offenbart: Er konnte mit seiner Tochter den Heiligabend verbringen. Gävle und die Feier von Yvonnes Schwester klangen mit einem Mal sehr verlockend. Er, der sich wochenlang vor den Weihnachtstagen und den damit einhergehenden Erinnerungen gefürchtet hatte, bekam nun plötzlich die Chance, Weihnachten mit seinem heimlichen, ahnungslosen, aber in allerhöchstem Maße lebendigen Kind zu verbringen. Zwar bei einer Familie, die er größtenteils nicht kannte oder nicht mochte, aber dennoch. Eigentlich hatte er die Einladung bereits ausgeschlagen, aber er konnte es sich ja auch anders überlegt haben.

Sebastian Bergman war für Überraschungen bekannt.

«Bist du sicher, dass es in Ordnung ist, wenn ich mitkomme?», fragte Lydia zum zehnten Mal, als sie gerade auf die E 4 Richtung Norden einbogen.

«Ganz sicher», antwortete Sebastian und behauptete erneut, die Einladung gelte auch für eine Begleitung. Sie waren unterwegs zu einer Familie, die er schon sehr lange kannte und die an Weihnachten ihre Arme öffnete und alle empfing.

Gute Menschen.

Wunderbare Menschen.

Yvonne und die anderen, an deren Namen er sich nicht mehr richtig erinnerte. Aber wunderbar, das waren sie, auch wenn einer von ihnen anscheinend bald das Zeitliche segnete.

Lydia hatte Sebastian noch nie so euphorisch erlebt. Als er gestern zu ihr gekommen war, hatte er abgekämpft und grau ausgesehen. Erst hatte sie ihn gar nicht hereinlassen wollen, denn jedes Mal, wenn er wieder verschwand, starb ein kleiner Teil von ihr.

Doch jetzt saßen sie in Lydias Auto auf dem Weg zu einem großen Weihnachtsessen. Sie musste zugeben, dass sie sich von seiner Begeisterung anstecken ließ. Endlich würde sie Weihnachten feiern. Mit jemandem, den sie liebte.

Ein fröhliches, einladendes Stimmengewirr drang aus dem großen Saal des prächtig geschmückten Gutshofes. Unter den Gästen waren alle Altersgruppen vertreten, und in der Mitte stand Bea, die Gastgeberin, in einem langen roten Kleid und begrüßte Torkel und Vanja. Der Hof lag in Küstennähe, er war in Neuschnee gebettet, und der Himmel war klar. Vanjas Laune hatte sich sofort gebessert, als sie aus dem Auto gestiegen war. Sie waren nicht mal zweihundert Kilometer von Stockholm entfernt, doch hier herrschte echter Winter. Der knirschende Schnee, die flackernden Kerzen, der geschmückte Tannenbaum, die Essensdüfte und die Kinder, die um sie herumtollten, erinnerten sie an die Weihnachtsfeste, die sie früher mit der ganzen Verwandtschaft in Östersund gefeiert hatten, als sie noch klein war. Sie konnte überhaupt nicht verstehen, warum Torkel keine Lust gehabt hatte, hierherzukommen.

Aber vielleicht war es nicht so sehr dieser Ort als vielmehr die Gesellschaft, die er hatte meiden wollen. Das verstand sie recht schnell, als sie beobachtete, wie verkrampft Torkel Yvonnes neuem Mann gegenüber wirkte. Sie wusste, dass Torkel Christoffer eigentlich mochte und froh war, dass Yvonne ihn kennengelernt hatte. Wahrscheinlich ging es eher um seine Töchter Elin und Vilma.

Die beiden waren seine Schwachstelle, dachte Vanja, sein schlechtes Gewissen. Da Torkel beruflich so eingespannt war, verbrachten die Mädchen mehr Zeit mit Christoffer als mit ihm. Es war offensichtlich, dass sie ihn bereits als einen natürlichen Teil der Familie ansahen, zumindest Elin, die Ältere. Natürlich war das eigentlich positiv, aber Torkel hatte dadurch das Gefühl, seiner Vaterrolle nicht gerecht zu werden. Was ja auch stimmte, aber bei seinem Job konnte er seinen Kindern eben nicht alle Zeit der Welt widmen. Man war gezwungen, sich zu entscheiden.

Das wusste sie, und er wusste es auch.

Doch seine Wahl wurde ihm nun, da sich die Mädchen so ungezwungen zwischen ihm und Christoffer hin- und herbewegten, noch einmal besonders schmerzlich bewusst.

Sie hatten ihre Zimmer bezogen, die anderen Gäste begrüßt, und nun saßen sie gerade bei Kaffee und Pfefferkuchen und warteten auf das Essen, als die Tür aufging, Sebastian Bergman hereintrat und den Schnee von seinen viel zu dünnen Halbschuhen abklopfte. Die meisten blickten verwundert zu dem Mann hinüber, der mit einer unbekannten Frau an seiner Seite neben dem Eingang stehen blieb.

«Entschuldigen Sie, dass wir ein wenig spät sind, Torkel hatte mich eingeladen, und wir haben den Weg nicht gleich gefunden», sagte er mit einem selbstgewissen Lächeln.

«Ich dachte, du wolltest nicht kommen?», fragte Torkel, der aufgestanden war und auf seinen Kollegen zuging.

«Stimmt, aber jetzt bin ich eben da. Und habe eine Freundin mitgebracht. Das ist Lydia. Sie liebt Weihnachten.»

Er lächelte breit. Yvonne kam aus der Küche, sah erst die Gäste fragend an, dann warf sie Torkel einen irritierten Blick zu. Es war kaum eine Minute vergangen, und schon war jemand wütend.

Sebastian Bergman war da.

Eigentlich hätte er am liebsten die ganze Zeit bei Vanja gestanden, begriff jedoch, dass er erst ein wenig Interesse für die Gastgeberin im roten Kleid zeigen musste, die ihn und Lydia seit ihrem Eintreffen ununterbrochen angestarrt hatte. Er musste sie schnell auf seine Seite bringen, damit er auf dem Fest nicht unangenehm auffiel. Wortlos ließ er Lydia mit einem Glas Wein sitzen und ging mit entschlossenen Schritten auf die Frau in Rot zu. Auf dem Weg dorthin lächelte er den anderen Gästen zu und tätschelte den Kindern, die ihm in die Quere kamen, liebevoll den Kopf, so wie er es in alten Filmen gesehen hatte. Als er bei ihr ankam, sah Bea ihn an, als würden sie sich bereits kennen. Damit hatte er nicht gerechnet.

«Hallo, Sebastian», sagte sie mit unüberhörbarer Vertrautheit in der Stimme. Er erstarrte. Sie kannte seinen Namen. Waren sie sich schon mal begegnet? «Wir haben uns mal auf Yvonnes und Torkels Hochzeit kennengelernt. Bea heiße ich», erklärte sie lächelnd.

«Ach ja, stimmt!», log Sebastian blitzschnell, ohne dass es ihm gelang, auch nur eine einzige Erinnerung an sie aus seinem Gedächtnis hervorzukramen. «Entschuldige, aber ich kann mir einfach keine Gesichter merken …» Er dachte fieberhaft nach. Hatte er etwas mit ihr gehabt? Das würde die Situation verkomplizieren. «Toll, dass wir kommen durften, es ist wirklich sehr schön hier», sagte er mit einer Geste, die den geschmückten Saal einbezog.

«Danke. Dieses Jahr war ziemlich schwer für uns. Mein Mann ist sehr krank.»

«Ja, Torkel hat es mir erzählt.»

«Er ist fast vollständig gelähmt.»

«Wie schrecklich», antwortete Sebastian und versuchte, möglichst mitfühlend dreinzublicken. Er hatte den Eindruck, dass es ihm nicht besonders gut gelang. Aber Bea schien sich ohnehin kaum für sein gespieltes Mitleid zu interessieren. Sie senkte ihre Stimme und beugte sich zu ihm vor.

«Seit seinem Schlaganfall kann er nicht mehr …»

Sebastian zuckte zusammen, trat einen Schritt zurück und sah sie an. Ihre professionelle Gastgeberinnenmiene war einem begierigen, glühenden Blick gewichen.

«Ich freue mich, dass du gekommen bist», raunte sie und legte ihre Hand auf seinen Arm.

So ein Mist, er war tatsächlich mit ihr im Bett gewesen.

Lydia fühlte sich gelinde gesagt fehl am Platz, als sie mit ihrem Glas am Rande der Gesellschaft stand. Sie war davon ausgegangen, dass Sebastian gleich zu ihr zurückkäme, aber da hatte sie sich getäuscht. Nachdem er mit der Frau in Rot geredet hatte, war er zu einer blonden Frau Anfang dreißig gegangen und stand seither bei ihr. Lydia war enttäuscht. Das passierte ihr mit Sebastian zwar nicht zum ersten Mal, doch als sie gemeinsam hergefahren waren, hatte sie dennoch das Gefühl gehabt, dass es eine Nähe zwischen ihnen gab, die vorher nicht da gewesen war und nach der sie sich so lange gesehnt hatte. Jetzt hatte er allerdings nur noch Augen für die Blondine. Nicht ein einziges Mal hatte er Lydia angesehen. Sie kippte den letzten Schluck Wein hinunter und entschied dann, zu den beiden hinüberzugehen und sich vorzustellen. Wenn Sebastian das nicht zu tun gedachte, musste sie es eben selbst in die Hand nehmen. So einfach wurde er sie nicht los.

Schon von weitem sah Vanja die Brünette, mit der Sebastian gekommen war, und lächelte sie warmherzig und einladend an. Vanja hatte gehofft, dass Sebastian ihr seine Begleitung gleich am Anfang vorstellen würde, aber er hatte sie nicht einmal erwähnt. Daraufhin hatte sie ihn ausgefragt, doch Sebastian hatte nur ausweichend geantwortet. Sie sei eine Freundin, hatte er gesagt. Eine gute Freundin. Dann hatte er das Thema gewechselt.

Das weckte Vanjas Neugier nur noch mehr. Sebastian, der Mann ohne Freunde, der alle Frauen anbaggerte, die nicht bei drei auf den Bäumen waren, und – soweit sie informiert war – noch nie eine Beziehung gehabt hatte, die über einen One-Night-Stand hinausging, brachte eine Frau zu einer Weihnachtsfeier mit. Das musste etwas zu bedeuten haben und war es wert, näher erforscht zu werden, weshalb sie Lydia freudig begrüßte, als diese sich zu ihnen gesellte. Doch Lydia antwortete ein wenig angestrengt auf ihre Fragen, und Sebastian verstummte und schien unangenehm berührt.

Vanja verstand die Welt nicht mehr. Hatten sie sich gestritten? Weiter kam sie mit ihren Gedanken nicht, denn im nächsten Moment schwebte Bea herbei und legte ihre Hand auf Sebastians Schulter. Vanja lächelte in sich hinein. So sah also Sebastian Bergmans Freizeit aus. Von Frauen umzingelt. Was sie an ihm fanden, konnte sie nicht im Entferntesten nachvollziehen.

Bea nickte Sebastian freundlich zu und fragte, ob sie ihn um einen Gefallen bitten dürfe. Ob er sich vorstellen könnte, nach dem Essen den Weihnachtsmann zu spielen? Vanja glaubte zu beobachten, wie Sebastian vor Schreck zusammenzuckte, für eine Sekunde hatte es ihm tatsächlich die Sprache verschlagen. Vanja musste sich sehr zusammenreißen, um nicht zu lachen. Sebastian im Weihnachtsmannkostüm, das hätte sie zu gern gesehen.

«Es tut mir leid, Bea, aber das geht nicht», brachte er am Ende mühsam hervor.

«Warum denn nicht? Bitte! Die Kinder kennen doch alle anderen und erraten immer, wer es ist. Du wärst der perfekte Kandidat!»

«Das glaube ich nicht, Bea. Ich bin nicht so der … Weihnachtsmanntyp.»

«Doch, das bist du auf jeden Fall!», warf Vanja lachend ein. «Ich wollte dich schon immer mal als Weihnachtsmann verkleidet sehen.»

Sebastian starrte sie an.

Schluckte.

Und hörte sich selbst ja sagen.

Endlich erklärte Bea, dass es nun Zeit fürs Essen sei. Wie immer zu spät, dachte Yvonne. Es war eine altbekannte Masche ihrer Schwester, die

Gäste ewig warten zu lassen, um sie dann mit großem Tamtam zu Tisch zu bitten. Gleichzeitig verkündete sie, dass der Weihnachtsmann direkt nach der traditionellen Donald-Duck-Sendung im Fernsehen zu ihnen komme, wenn es ihm bis dahin gelinge, seine Rentiere zu bändigen.

Es gab ein Buffet, und die Gäste stellten sich geduldig an und bedienten sich an den vollbeladenen Platten. Mit gespielter Nervosität sagte Bea, sie hoffe, das Essen werde für alle reichen. Yvonne überlegte kurz, ob sie ihr erklären sollte, dass sie mit dem Essen die halbe Stadt versorgen könnte, verkniff sich die Bemerkung jedoch. Dann wurde Rolf von zwei Cousins hereingeschoben und am Kopfende des Tisches platziert, damit ihn alle Gäste auf ihrem Weg zu Fleischklößchen, Prinzenwurst, Brot in Schinkentunke und all den anderen warmen Gerichten begrüßen konnten. Bea fing sofort an, um ihn herumzuschwirren. Was er essen wolle? Und was trinken? Ob ihm der Platz recht sei? Und ob er alle wiedererkenne? Das war so typisch Bea, dass es fast komisch war. Immer musste sie sich um alles kümmern, alles organisieren, diejenige sein, die alles meisterte. Und selbst den zur Reglosigkeit verdammten Rolf zeigte sie vor wie ein Projekt. Alles nur, um vor den anderen als perfekte Hausfrau zu gelten – und als wunderbarer Mensch natürlich.

Womöglich war Yvonne unnötig hart, doch sie hatte ihre Gründe. Direkt vor dem Essen hatte Bea sie zur Seite genommen und die Frechheit besessen, Yvonne zu erklären, dass sie und die Mädchen den nächsten Sommer nicht in dem kleinen Haus am See verbringen könnten. Wahrscheinlich wäre es Rolfs letzter Sommer auf Erden, und er würde gern so oft wie möglich dort sein. Das könne sie doch wohl verstehen? Yvonne wusste genau, worum es der Schwester eigentlich ging. Bea wollte sich das Haus unter den Nagel reißen. Sie wollte den großen Hof für den Winter und das kleine Haus am See für den Sommer. Das hatte sie schon immer gewollt. Dank Rolfs Krankheit würde Yvonne, egal, was sie sagte, als kaltherzig und kleinlich dastehen, wenn sie ihm seinen letzten Wunsch ausschlug, obwohl sie das Wohnrecht an dem Haus am See besaß und seit dem Tod der Eltern jedes Jahr einige Wochen dort verbrachte. Dieses Weihnachtsfest entwickelte sich allmählich zu einem Albtraum. Und dass Torkel sein halbes Büro eingeladen hatte, um nicht allein hier sein zu müssen, machte es auch nicht besser.

Sebastian hatte geplant, während des Essens neben Vanja zu sitzen. Er wollte die Dividende für sein dämliches Versprechen einheimsen, den Weihnachtsmann zu spielen. Aber sie suchte sich stattdessen einen Platz zwischen Lydia und einem Mann mit einem Baby auf dem Schoß. Vermutlich war sie auf Lydia neugierig, was er auch verstehen konnte. Es war beileibe nicht normal, dass er in Begleitung kam. Und es war eine dumme Idee gewesen, sie mitzunehmen, allerdings war er auf ihr Auto angewiesen. Jetzt hatte sie ihm auch noch den Platz weggenommen. Wütend begann er, sich nach einem freien Stuhl umzusehen. Bea winkte ihn zu sich. Sie saß neben ihrem an den Rollstuhl gefesselten Mann und zeigte auf den Platz gegenüber.

Das Elend schien überhaupt kein Ende zu nehmen.

Das Essen war gut und reichlich, genau wie der Schnaps. Nach einer Weile fiel Vanja auf, dass sie wohl etwas viel von dem eiskalten Aquavit konsumiert hatte, der in kleinen Flaschen auf dem Tisch verteilt stand. Ihr war ein wenig schwindelig, gleichzeitig fühlte sie sich aber so entspannt und ausgelassen, wie es ihr normalerweise gar nicht ähnlich sah. Sie unterhielt sich die ganze Zeit mit Lydia und hoffte, dass auch die bald angeheitert wäre. Das war leider nicht der Fall, doch Vanja gab nicht auf. Sie beugte sich ein wenig näher zu ihrer Tischnachbarin hinüber. Eigentlich zu nah, aber sie wollte alles wissen. Denn falls sich ein so unmöglicher Typ wie Sebastian ändern konnte, gab es noch Hoffnung für die Menschheit. Sie wollte wirklich verstehen, was Lydia hatte, das allen anderen Frauen fehlte. Lydia hatte sich ein wenig geöffnet, als sie erfahren hatte, dass Vanja und Sebastian Kollegen waren und nicht mehr, und einige Fragen zu seiner

Arbeit gestellt. Merkwürdig, Sebastian schien ihr überhaupt nichts darüber erzählt zu haben. Sie wusste nicht mal, dass er nach einer mehrjährigen Pause wieder für die Reichsmordkommission arbeitete, was noch viel seltsamer war. Was für eine Beziehung hatten die beiden eigentlich? Vanjas Neugier wurde immer stärker, aber es war schwierig, Lydia etwas Aussagekräftiges zu entlocken. Die meiste Zeit über saß sie schweigend da und sah regelmäßig zu Sebastian hinüber, der sich mit der lachenden Gastgeberin zu amüsieren schien.

Das Gespräch floss nur zäh dahin. Vanja sah sich gezwungen, Sebastians schlechte Seiten und seine vielen Frauengeschichten zu verschweigen, also bauschte sie seine wenigen positiven Eigenschaften auf und betonte, welch einen Gewinn er für das Team darstelle. Wie intelligent und kompetent er sei. Unersetzlich. Sie hatte das Gefühl, dass ihre Lobeshymnen zu ausschweifend und übertrieben gerieten, weil sie betrunken war. Sie versuchte, einen klaren Kopf zu bewahren.

«Entschuldige, ich bin ein bisschen beschwipst», sagte sie. «Aber ich bin einfach so neugierig, du musst ja etwas ganz Besonderes sein, Lydia!»

«Ach ja?» Nun konnte Lydia ein geschmeicheltes Lächeln nicht verbergen.

«Ja, weißt du, normalerweise kann sich Sebastian nicht mal an die Namen der Frauen erinnern, mit denen er ins Bett geht …»

Der Satz war einfach so aus Vanja herausgeschossen, ihre Zunge hatte keine Verbindung zum Gehirn aufgenommen.

«Entschuldige bitte, das meinte ich nicht so … ich meinte eher …» Dann verstummte sie. Sie wusste nicht, wie sie aus diesem Fettnäpfchen wieder hinausfinden sollte. Lydia war erblasst und starrte sie an. Vanja wagte einen neuen Versuch. «Verzeihung, das war natürlich Blödsinn, was ich da gesagt habe. Ich wollte nur sagen, dass du ihm wirklich etwas bedeuten musst.»

«Um ehrlich zu sein, glaube ich, dass ich nur hier bin, weil ich ein Auto habe.»

«Ich verstehe nicht ganz …»

«Aber ich habe verstanden.»

Mit diesen Worten ging sie los, um sich noch etwas zu essen zu holen.

Und kam nicht mehr zurück.

Er fluchte innerlich. Warum hatte er sich nur darauf eingelassen? Er kannte die Antwort. Weil Vanja ihn darum gebeten hatte. Oder ihn zumindest dazu ermuntert hatte. Für einen kurzen Moment hatte die Nähe zu ihr seinen Verstand aussetzen lassen. Sie wollte ihn als Weihnachtsmann sehen – und er wollte das tun, was sie wollte. Auch wenn es voraussetzte, dass er sich verkleidete.

Als sich die anderen zum Kaffeetrinken vor dem Fernseher versammelten, hatte Bea ihn genötigt, in den Keller zu gehen. Es wird Zeit, hatte sie gesagt und ihn mit den Augen festgenagelt. Vorsichtig hatte er sich die steile Treppe hinuntergetastet und das besagte Kostüm in einem Karton im Regal gefunden. Es war zu eng, fühlte sich klamm an und stank. Als er sich hineingezwängt hatte, schlüpfte er in ein Paar braune Gummistiefel und betrachtete sein Spiegelbild in zwei ausrangierten Fenstern, die an der Wand lehnten. Er verspürte den unmittelbaren Drang, die Mütze und den Bart anzuziehen, um sich nicht mehr zu erkennen. Ihn überkam ein Gefühl, das er schon sehr, sehr lange nicht mehr gehabt hatte.

Scham. Er schämte sich.

Am besten, er brachte es gleich hinter sich. Bea hatte erklärt, dass der Sack mit den Geschenken im Schuppen neben der Garage stand. Die Geschenke seien säuberlich mit Namen versehen, er müsse nur noch am Fenster vorbei durch den Schnee stapfen, eintreten und sie verteilen. Er trottete durch die Kellertür auf der Rückseite ins Freie und begab sich zur Garage. Draußen war es kalt, und er begann sofort zu frieren. Was tat man nicht alles für seine Kinder, dachte er und konnte sich ein kleines Lächeln nicht verkneifen.

Der Sack mit den Gaben stand ein wenig weiter hinten im Schuppen, der außerdem jedes nur erdenkliche Gartenwerkzeug zu enthalten schien. Nicht einmal bei der Hälfte der Gerätschaften wusste Sebastian, wozu man sie benutzte. Er griff nach dem Jutesack und wollte ihn gerade nach Art der Weihnachtsmänner auf den Rücken schwingen, als die Tür geöffnet wurde. Bea kam in den Schuppen, auch sie fröstelte in ihrem dünnen roten Kleid.

«Hast du alles gefunden?», fragte sie und schloss die Tür hinter sich.

«Natürlich.»

«Hat der Weihnachtsmann denn auch für mich ein Geschenk?», flüsterte sie, schmiegte sich von hinten an ihn und schlang die Arme um seine Taille.

«Ich weiß nicht, was wünschst du dir denn?», fragte Sebastian und blieb reglos stehen.

«Ich glaube, das weißt du ganz genau», antwortete Bea und hauchte ihm warm ins Ohr, während sich ihre Hand einen Weg in seine viel zu enge rote Hose bahnte.

Plötzlich war es, als gäbe es zwei Sebastians.

Einer, der sofort einsah, dass das, was hier gerade passierte, nicht gut war, ganz und gar nicht gut, und dass er dem Ganzen so schnell wie möglich ein Ende setzen musste.

Ein anderer, der sich entspannt zurücklehnte,

mit dem Handlungsverlauf zufrieden war und zu bedenken gab, dass er nach einer solchen Gelegenheit seit halb acht Uhr morgens suchte.

Der erste versuchte es mit Argumenten wie: *die Schwester der Ex deines Chefs, viel zu viele Leute, und du bist mit Lydia hier.*

Der zweite gab erneut zu bedenken, dass er nach einer solchen Gelegenheit seit halb acht Uhr morgens suchte.

Der erste bemerkte, dass er die zerbrechliche Beziehung aufs Spiel setzte, die er zu Vanja aufgebaut hatte, ob es das wert sei?

Der zweite gab zu bedenken, dass er nach einer solchen Gelegenheit seit halb acht Uhr morgens suchte, stand blitzschnell auf, holte aus und schlug den ersten gezielt k. o.

Sebastian drehte sich um, küsste Bea und begann, ihr rotes Kleid hochzuschieben.

Der Weihnachtsmann sollte auch zu seinem Recht kommen.

Lydia mochte die Tradition nicht, an Heiligabend Donald Duck zu sehen. Das hatte sie noch nie getan. Sie verstand nicht, wie sich erwachsene Menschen Jahr für Jahr dieselben Zeichentrickfilme anschauen konnten. Genauso wenig, wie sie verstand, wo Sebastian abgeblieben war. Im Keller hatte sie nur seine Kleidung vorgefunden, und es schien nicht so, als sei er wieder ins Haus hinaufgekommen. Wartete er draußen, bis das Fernsehprogramm zu Ende war, damit ihm niemand die Aufmerksamkeit stahl?

Lydia trat durch die Hintertür ins Freie. Die Kälte schlug ihr entgegen, es war bereits dunkel. Die Nacht war sternenklar, doch von Sebastian weit und breit keine Spur. Sie ging die Treppe hinab, es war schön, ein wenig frische Luft zu schnappen. Bei all den Menschen und Kerzen war es dort drinnen ziemlich aufgeheizt.

Die Feier hatte sich nicht so entwickelt, wie sie es sich vorgestellt hatte. Wahrscheinlich waren diese großen Weihnachtsfeiern nichts, das man vermissen musste. Insbesondere dann nicht, wenn diese hier typisch war. Manch eine trank zu viel und sprach ungeliebte Wahrheiten aus, die Kinder rannten im Zuckerrausch umher, und man musste auch kein Verhaltensforscher sein, um zu erkennen, dass die beiden Schwestern nicht gerade das innigste Verhältnis hatten.

Sie ging ein Stück dort entlang, wo sie einen Kiesweg unter dem Schnee vermutete, den die vielen Weihnachtsgäste ausgetreten hatten. Doch auf den Grasflächen daneben lag der Schnee unberührt – bis auf einige Fußspuren, die von einem Schuh oder einem Stiefel mit geriffelter Sohle und einem bedeutend kleineren Schuh mit Absatz stammten. Lydia hielt inne. Die Spuren führten zu dem Schuppen neben der Garage. Hörte sie von dort Geräusche, oder bildete sie sich das nur ein? Jetzt war sie die Dritte, die über den Rasen zum Schuppen ging. Ja, es waren definitiv Geräusche, die an Lautstärke zunahmen, je näher sie kam. Sie war sich auch ziemlich sicher, was sie zu bedeuten hatten, wollte sich aber trotzdem davon überzeugen. Leise öffnete sie die Tür und spähte hinein.

«Kannst du mal kurz mitkommen?», bat Lydia, als sie in die Küche trat, wo Yvonne und Christoffer gerade mit Spülen beschäftigt waren.

«Was ist denn?», fragte Yvonne und legte das Geschirrtuch beiseite.

«Komm einfach mit, bitte. Es geht um deine Schwester.»

Lydia verließ die Küche, und Yvonne und Christoffer folgten ihr und warfen sich fragende Blicke zu.

«Kannst du uns nicht einfach erzählen, was los ist? Es ist kalt», sagte Yvonne und schlang sich die Arme um den Leib, während sie hinter Lydia zu dem Schuppen ging.

«Es ist besser, wenn ihr es mit eigenen Augen seht», antwortete Lydia und öffnete die Tür.

Im Fernsehen ertönten gerade die letzten Klänge von *When you wish upon a star*, als Yvonne hereinkam und sich in der Mitte des Raums aufbaute. Etwas an ihrem Auftreten sorgte dafür, dass sich alle nach ihr umdrehten. Sogar die Kinder.

«Der Weihnachtsmann verspätet sich ein bisschen», verkündete Yvonne knapp und mit unterdrücktem Zorn in der Stimme. Die Kinder reagierten mit lautem Seufzen. Sie hatten schon viel zu lange gewartet.

«Was ist passiert?» Torkel hatte das ausgesprochen, was sich alle fragten.

«Nichts, er hat sich nur verspätet.»

Sie drehte sich um und stürmte in die Küche. In dem Zimmer, das sie gerade verlassen hatte, sahen sich die Erwachsenen ratlos an, während die Kinder vorsorglich zum Fenster trotteten, um einen Blick auf den Rotgewandeten zu erhaschen, wenn er herbeistapfte. Etwas war passiert, dessen war Torkel sich sicher. Er nickte seinen ehemaligen Verwandten entschuldigend zu und ging seiner Ex-Frau nach. Yvonne hatte sich mit einem Weinglas in der Hand an die Arbeitsplatte gelehnt.

«Was geht denn hier vor?», fragte er, nachdem er die Tür hinter sich geschlossen hatte.

«Ich möchte nicht darüber reden», antwortete Yvonne abweisend und nahm einen Schluck Wein.

«Hat es was mit Sebastian zu tun?»

«Natürlich hat es was mit Sebastian zu tun.»

Torkel wollte etwas erwidern, aber Yvonne unterbrach ihn und signalisierte ihm deutlich, dass sie nicht darüber sprechen würde.

«Übrigens werden die Mädchen und ich an Mittsommer und den ganzen Juli über im Haus am See sein», sagte sie stattdessen und stellte das Weinglas beiseite.

«Hattest du dich nicht gerade noch darüber geärgert, dass Bea und Rolf diesen Sommer dorthin wollten?», fragte Torkel verwundert.

«Ja, aber Bea wird ihre Meinung ändern», antwortete Yvonne nur, als verstehe sich das von selbst. Als er zur Frage anhob, woher sie das wissen wollte, wurde er vom Jubel der Kinder im Nebenzimmer unterbrochen. Der Weihnachtsmann war auf dem Weg. Torkel schüttelte nur den Kopf. Es gab vieles, was er an Yvonnes und Beas Beziehung nicht verstand. Er ging aus der Küche, um zu sehen, wie Sebastian sich schlug. Vielleicht würde er sogar ein paar Fotos machen und sie Ursula und den anderen im Team nach Neujahr zeigen. Als er das Zimmer betrat, erkannte er jedoch sofort, dass der Weihnachtsmann nicht Sebastian war. Es war Christoffer.

Torkel wechselte einen fragenden Blick mit Vanja, die genauso verwundert war, und holte sein Mobiltelefon hervor.

Das Handy klingelte. Sebastian schielte zu Lydia hinüber, doch sie konzentrierte sich auf das Fahren und schwieg, wie sie es schon die ganze Zeit getan hatte, seit sie das Gut der Familie verlassen hatten.

«Wo steckst du denn?», fragte Torkel, als Sebastian sich meldete.

«Ich bin auf dem Weg nach Hause, Yvonne hat mich vor die Tür gesetzt.»

«Yvonne? Warum sollte sie das tun?»

Sebastian betrachtete aus dem Augenwinkel Lydia, die ihren Blick starr geradeaus richtete. Was soll's, sie wusste es ohnehin schon. Hatte es sogar live gesehen.

«Ich habe mit ihrer Schwester geschlafen», sagte er in neutralem Ton.

«Was?» Sebastian konnte hören, dass er seinen Chef schockiert hatte. «Mit Bea? Warum das denn?»

«Sie hat angefangen!» Er hörte, wie Torkel einen tiefen Seufzer ausstieß.

Sebastian konnte ihn verstehen. Das war natürlich keine besonders gute Entschuldigung, aber es war die Wahrheit. «Du, sei doch bitte so lieb und erzähl Vanja nichts von der Sache, ja?»

Torkel reagierte mit Schweigen, was Sebastian als Zusage interpretierte.

«Es ist deine Schuld», sagte Sebastian mit schwacher Stimme. «Du hättest mich nicht einladen sollen.»

«Keine Sorge, das wird nie wieder vorkommen.»

Damit war das Gespräch beendet. Torkel hatte aufgelegt. Sebastian steckte das Handy in die Tasche. Er sah zu Lydia hinüber, die noch immer konzentriert das Lenkrad hielt.

«Entschuldige», sagte er. «Das war ein bisschen dumm von mir.»

Lydia antwortete nicht, sondern setzte den Blinker, weil sie abbiegen wollte. Sebastian sah sich um. Hier gab es doch gar keine Abzweigung. Lydia fuhr an den Straßenrand und bremste.

«Steig aus», sagte sie leise, aber entschlossen. Sebastian blickte verständnislos aus dem Fenster. Sie waren mitten im Nirgendwo. Nur Dunkelheit und Kälte. Er wandte sich zu ihr, um etwas zu sagen, doch sie fiel ihm ins Wort.

«Steig aus», sagte sie erneut. Diesmal lauter. Er sah sie an und begriff: Was er auch sagte, was er auch tat, er würde nicht länger in diesem Auto mitfahren dürfen. Seufzend öffnete er die Beifahrertür und trat ins Freie.

«Ruf mich nie wieder an», war das Letzte, was er zu hören bekam, ehe er die Autotür hinter sich zuschlug. Einige Sekunden lang sah er die Rücklichter, den Motor hörte er noch etwas länger. Dann wurde es dunkel und still. Und kalt. Verdammt kalt.

Die Kälte drang sofort in seine Halbschuhe, und die Straße lag einsam und verlassen da. Die Dunkelheit war allumfassend. Sebastian zog sich den dünnen Mantel fester um den Körper und begann zu gehen.

Er hasste Weihnachten wirklich.

Aus tiefstem Herzen.

Im Schrank

Im Schrank war es kalt. Viel kälter als erwartet. Es zog aus irgendeiner Ecke, und die Tatsache, dass er nackt war, machte die Situation nicht gerade angenehmer. Sebastian sah sich um.

Ein Kleiderschrank.

Wie erniedrigend.

Es war zwar eines dieser etwas größeren, begehbaren Modelle, aber dennoch …

Er streckte sich vorsichtig und zog das Kleidungsstück vom Bügel, das am nächsten hing. Irgendeine Strickjacke, die ihm viel zu klein war. Es war ihr Schrank. Sebastian legte sich die Jacke über die Oberschenkel. Viel half es nicht, aber immerhin fühlte er sich weniger nackt.

Er hörte die beiden draußen reden. Vermutlich saßen sie in der Küche, das Klirren der Kaffeetassen ließ darauf schließen. Am vorausgegangenen Abend hatte Sebastian sich knutschend und ohne Umwege ins Schlafzimmer vorgearbeitet, weshalb er keine Ahnung hatte, wie der Rest der Wohnung aussah. Die Frau lachte gelöst, es klang wie ein ganz normaler Vormittag im Leben eines verheirateten Paares. Nichts deutete darauf hin, dass sie erst vor wenigen Minuten einen nackten Liebhaber in ihrem Schlafzimmerschrank versteckt hatte.

«Musst du heute gar nicht zur Arbeit?», fragte sie ihren Mann.

Sebastian spürte, wie sein linkes Bein allmählich einschlief, und er wechselte vorsichtig die Sitzposition. Dann rückte er näher an die Schiebetür und öffnete sie behutsam einen kleinen Spaltbreit, damit er besser lauschen konnte.

«Nein, brauche ich nicht», antwortete der Mann, der laut dem Polizeibericht, den Sebastian gelesen hatte, Ove Wiktorsson hieß, 54 Jahre alt war und als Wirtschaftsprüfer bei der Kommune beschäftigt. «Die Stockholmer haben die Besprechung abgesagt. Deshalb konnte ich ja auch schon heute früh wieder zurückfliegen. Hat die Polizei sich noch einmal gemeldet?»

«Ja, gestern waren welche da und haben nach dir gefragt.»

«Aha. Kannst du dich an ihre Namen erinnern?»

«Nein, tut mir leid.»

Sie war eine gute Lügnerin, diese Helen oder Helena, Sebastian konnte sich nicht erinnern, ob ihr Name auf a endete oder nicht. Die Schreibweise ihres Vornamens war für ihn zweitrangig gewesen, als er, einige Stunden nachdem Ursula und er die Wohnung verlassen hatten, zurückgekehrt war. Bei ihrer ersten Begegnung hatte Helen/Helena neugierig mit ihm geschäkert, als wäre es ihr nicht recht gewesen, dass es nur um ihren Mann ging. Und Sebastian Bergman hatte ihr natürlich seine volle Aufmerksamkeit geschenkt.

«Dann könnten wir ja was unternehmen», fuhr sie dort draußen fort. «Wie wäre es mit einem Spaziergang?»

Sebastian konnte förmlich hören, wie ihr Mann den Kopf schüttelte. «Vielleicht heute Nachmittag. Ich muss noch ein bisschen was arbeiten. Aber geh du doch ruhig, dann können wir anschließend zusammen Mittag essen.»

Der Stuhl scharrte über den Boden, als Ove aufstand und in den Flur ging. Für eine Sekunde konnte Sebastian ihn durch den schmalen Spalt hindurch erspähen. Er sah durchschnittlich, aber nett aus. Auf jeden Fall sportlicher als Sebastian, sein Äußeres konnte sie also nicht in Versuchung geführt haben.

«Nein, eigentlich muss ich auch noch ziemlich viel erledigen», antwortete die Frau mit oder ohne a am Ende des Namens.

Sebastian seufzte leise und schloss die Augen. Das konnte ein langer Vormittag werden. Es war nicht das erste Mal, dass er von einem Ehemann überrascht wurde. Allerdings war er bislang gar nicht erst auf den Gedanken gekommen, sich zu verstecken. Er hatte sich lediglich angezogen, versucht, sich tätlichen Angriffen zu entziehen, und die Wohnung und das aufgebrachte Geschrei hinter sich gelassen. Die Konsequenzen hatte stets die Frau tragen müssen. Schließlich war sie ja untreu gewesen, nicht er. Aber diesmal war es anders. Diesmal konnte die Nummer auch für ihn Folgen haben.

Er hatte mit der Frau des Hauptzeugen geschlafen.

Während einer laufenden Ermittlung.

Nicht genug damit, dass die Zeugenaussage des Mannes dadurch womöglich unbrauchbar wurde. Torkel Höglund würde ihn diesmal definitiv aus der Reichsmordkommission feuern. Noch eine Chance würde er nicht bekommen. Nicht diesmal. Es gab schließlich Grenzen dafür, was man sich leisten konnte. Und so hockte er jetzt also in einem Kleiderschrank in der Ljunggatan 32 in Hässleholm und wartete. Er hoffte, dass der ahnungslose Ehemann plötzlich auf die Idee käme, eine Dusche zu nehmen, ein Nickerchen zu machen, auf den Balkon zu gehen oder irgendetwas anderes zu tun, was Sebastian fünf Minuten Zeit gab. Länger würde er nicht brauchen, um sich hinauszuschleichen und die potenzielle Katastrophe hinter sich zu lassen.

Ursula, die noch immer allein am Frühstückstisch im Stadshotellet saß, wurde allmählich ungeduldig. Torkel hatte ihr um 5.35 Uhr eine SMS geschickt:

Bin auf dem Weg nach Trelleborg.

Mit ihm hatte sie also auch nicht gerechnet. Aber Sebastian und sie hatten ein Treffen für 8 Uhr vereinbart, um die erste Vernehmung vorzubereiten. Jetzt war es schon Viertel nach, und noch immer keine Spur von ihm. Sie seufzte. Dabei war es sogar Sebastians Idee gewesen, zuerst Lena Hansson zu befragen, die Frau des Ermordeten. Er war der Meinung, sie sollten ihr die Bilder von der Überwachungskamera zeigen, die sie gestern erhalten hatten. Das war typisch Sebastian Bergman. Völlig schizophren. Zu Beginn war er vollkommen desinteressiert an dem Fall. Beschwerte sich. Fühlte sich unterfordert. Dann plötzlich machte er eine Kehrtwende und wollte jeder Idee nachgehen, die ihm kam. Versuchte, Motive und Möglichkeiten fernab des Wahrscheinlichen zu erkennen.

Nur weil es wahrscheinlich ist, muss es noch lange nicht wahr sein, pflegte er zu sagen.

Ursula glaubte, dass er sich im Grunde genommen nur langweilte und zeigen wollte, wie gut er war. Seine Notwendigkeit unter Beweis stellen, obwohl er eigentlich keine Funktion erfüllte. Was das anging, konnte Ursula ihn beinahe verstehen. Für Torkel hätte eigentlich kein Anlass bestanden, einen Kriminalpsychologen einzuschalten. Seine offizielle Begründung war Personalmangel – Billy hatte er an die Polizei in Norrbotten ausgeliehen, und Vanja feierte ihre Überstunden ab und war mit ihrer Familie im Skiurlaub –, aber Ursula war sich ziemlich sicher, dass Torkel eigentlich ein Zeichen hatte setzen wollen. Wenn Sebastian ein ständiges Mitglied des Teams sein wollte, musste er auch zur Verfügung stehen. Selbst wenn alles an diesen Ermittlungen für ihn in die falsche Richtung zeigte.

Nämlich in Richtung Osten, auf eine Bande auf Raubzug.

Sebastian hasste Fälle, in denen es um osteuropäische Diebesbanden ging. Ursula konnte das nachvollziehen. Natürlich konnte es in diesen Gruppen ebenfalls interessante Charaktere geben, die zu Gewalt und Brutalität fähig waren, aber das eigentliche Motiv war immer Geld. Und was noch viel schlimmer war: Sie redeten grundsätzlich nicht mit der Polizei und erst recht nicht mit einem Kriminalpsychologen. Um sie zu überführen, war ganz klassische polizeiliche Ermittlungsarbeit erforderlich. Und deshalb tat Sebastian natürlich alles dafür, etwas zu finden, was in eine andere Richtung wies. Das Wahrscheinliche war ihm zu langweilig.

Es hatte am vergangenen Freitag begonnen. Tord Hansson, ein 52-jähriger Antiquitätenhändler, war gefesselt und erschlagen in seinem Laden in der Storgatan im südschwedischen Nest Hässleholm aufgefunden worden. Ziemlich bald bemerkte Roland Tapper, der zuständige Kommissar, dass die Vorgehensweise an einen Raub in Malmö vor einigen Monaten sowie an einen Einbruch bei einem anderen Antiquitätenhändler in Varberg in der vergangenen Woche erinnerte.

Beide Male waren die Überfallenen gefesselt und körperlich misshandelt worden, aber diesmal waren die Verletzungen so schwer gewesen, dass das Opfer daran gestorben war. Tapper hatte die Verstärkung der Reichsmordkommission angefordert. Nicht immer meldete sich die Polizei vor Ort so schnell, aber Ursula hielt Tapper für einen sehr kompetenten Kollegen, insbesondere nachdem sie gesehen hatte, wie sorgfältig er die Zeugenaussagen aufgenommen hatte.

Tord Hansson war mit schwarzen Kabelbindern hinter dem Ladentresen gefesselt und anschließend mit wiederholten Schlägen auf den Kopf getötet worden. Im Obduktionsbericht war von mindestens zweiundzwanzig Verletzungen infolge stumpfer Gewalt die Rede. Noch hatte man am Tatort keinen Gegenstand gefunden, der mit den festgestellten Quetschungen übereinstimmte, und neigte daher zu der Annahme, dass der Täter die Mordwaffe mitgenommen hatte.

Die von Telia angeforderte Verbindungsliste zeigte, dass Tord sein letztes Telefongespräch um 15.36 Uhr geführt hatte, mit seiner Frau. Er hatte ihr erzählt, dass er länger arbeiten würde, um einige Stücke aus einer Haushaltsauflösung wegen Todesfall abzuholen. Und dass er hoffe, gegen acht wieder zu Hause zu sein. Ein Zeuge, Ove Wiktorsson, hatte um Punkt 16.45 Uhr vor der Tür geparkt. Das wusste er dank des Parkscheins, den er gewissenhaft gelöst hatte, obwohl das Parken ab 17 Uhr kostenlos war. Ove Wiktorsson war sich sicher, dass vor ihm ein heller Wagen mit polnischem Kennzeichen gehalten hatte. Als Ove nach einer Stunde und fünfundvierzig Minuten wieder zurückgekommen war, hatte er bemerkt, dass die Tür des Antiquitätengeschäfts lediglich angelehnt war. Das fand er seiner eigenen Aussage nach merkwürdig, da es im Laden dunkel war und alle anderen Geschäfte bereits geschlossen hatten. Er spähte hinein und sah trotz des spärlichen Lichts Porzellan, Glasvasen und andere Gegenstände zerschlagen und verstreut auf dem Boden liegen. Die Leiche sah er jedoch nicht, weil er draußen stehen blieb und die Polizei alarmierte. In diesem Moment fiel ihm auch auf, dass das polnische Auto weg war.

Ove hatte den Wagen später als Nissan Primastar identifiziert, aber es gab mehrere Autobauer, die Karosserien diesen Typs herstellten, sodass die Fahndung der Reichsmordkommission auch ähnliche Modelle von Toyota, Citroën und Opel miteinbezog. Als Erste war Polizeimeisterin Ingrid Bondesson vor Ort gewesen. Nach ihrem Protokoll kam sie um 18.45 Uhr an, nachdem sie den Ruf über den Polizeifunk gehört hatte. Bondesson war auch diejenige, die in den Laden gegangen war und den Toten gefunden hatte. Offenbar war sie nach dem Suizid ihrer Tochter erst seit kurzem wieder im Dienst und hatte beim Anblick der Leiche einen schweren Schock erlitten. Jetzt war sie erneut krankgeschrieben.

Die technische Beweislage war dünn. In der Hauptsache handelte es sich um den Film aus der Überwachungskamera, die Tord und seine Frau einige Wochen vorher im Laden installiert hatten. Um 16.45 Uhr war die Kamera von den beiden maskierten Tätern überklebt worden. Insgesamt waren die beiden Männer, die sich durch den Hintereingang Zutritt verschafft hatten – auf dem Video konnte man deutlich erkennen, wie sie vom Lager aus hereinstürmten –, exakt 2 Minuten und 4 Sekunden zu sehen, ehe sie die Kamera unschädlich machten. Die Männer trugen dunkle Trainingsoveralls, Handschuhe und Strumpfmasken. Sie agierten professionell, bewegten sich schnell und routiniert, und nur ein einziges Mal schienen sie zu zögern.

Eine Minute und 15 Sekunden nachdem sie das Ladenlokal gestürmt hatten, zeigte die Aufnahme Folgendes:

> Tord wird von dem kleineren Mann auf den Boden gezwungen. Der hält ihm ein Messer an den Hals, um ihn zum Schweigen zu bringen. Alles scheint so abzulaufen, wie die Männer es geplant haben, aber plötzlich wirken sie verunsichert. Sie sehen sich suchend um. Ihre Körpersprache wirkt abwartend. Sie scheinen einige Worte zu wechseln, aber die Kamera hat kein Mikrophon. Nach kurzem Zögern dreht sich der Mann, der nicht mit Tord beschäftigt ist, in

Richtung Kamera. Offenbar entdeckt er sie erst jetzt und springt herbei, zieht einen kleineren Tisch heran und klettert hinauf, damit er sie erreicht. Dann klebt er schwarzes Isolierband über die Kameralinse.

Nachdem sie die Sequenz genauer studiert hatte, ging Ursula von der Theorie aus, dass die Männer diesen Ort offenbar schon einmal besucht hatten, denn ihr Bewegungsmuster in der ersten Minute deutete darauf hin.

Sebastian fand das alles natürlich äußerst merkwürdig.

«Es ist, als wüssten sie es und wüssten es doch nicht. Als wären sie gut vorbereitet und hätten trotzdem ein so wichtiges Detail übersehen», hatte er gesagt.

Ursula erklärte, das hätte vermutlich damit zu tun, dass sie dort gewesen wären, *bevor* die Kamera eingebaut worden war.

«In diesem Fall hätten sie sie aber zu schnell entdeckt», hatte er entgegnet. «Da stimmt etwas nicht.»

Damit hatte er nicht unrecht. Die beiden Männer zeigten eine kurze, schwer erklärbare Unsicherheit in einem Verlauf, der ansonsten äußerst gut geplant schien. Konnte es sein, dass Tord etwas über die Kamera gesagt hatte, als er auf dem Boden lag? Drohte er ihnen damit, dass sie gefilmt wurden? Ursula hatte sich Bild für Bild vorgearbeitet, um zu sehen, ob Tord etwas zu dem Mann sagte, aber der Film war zu körnig, um eine Antwort auf diese Frage zu finden. Es war jedoch nicht ausgeschlossen. Und wenn er es gesagt hatte, war er dann deshalb erschlagen worden? Wer wusste von der Kamera? Hatte man sie an einem anderen Ort installiert als früher? Sie mussten mit Lena sprechen, der Frau des Opfers und Mitinhaberin des Ladens. Ursula blickte erneut auf die Uhr. Beschloss, mehr über Lena Hansson zu lesen, bis Sebastian kam. Wenn er schon keinen Wert darauf legte, vorbereitet zu sein – sie wäre es auf jeden Fall.

Ove Wiktorsson kam in Sebastians Blickfeld, als er am Schlafzimmer vorbeiging, in einige Papiere vertieft, die er wahrscheinlich gerade aus seinem Koffer im Flur geholt hatte. Sebastian hörte, wie der Mann irgendwo am anderen Ende der Wohnung Platz nahm. Es wurde still. Sebastian schob die Tür auf, so leise es ging. Horchte nach Geräuschen. Immer noch keine. Jetzt musste er es wagen.

Es war nicht weit bis zu seinen Klamotten, die die Frau in Panik unter das Bett geschoben hatte, als sie die Wohnungstür hörte. Er konnte den schwarzen Pullover aus Lammwolle sehen, die Hose, die darunter hervorlugte. Eine Socke schien sich verselbständigt zu haben und lag gefährlich nah an der Bettkante. Die andere Socke und seine Unterhose glänzten dagegen durch Abwesenheit.

Auch wenn es nicht möglich war, den ganzen Weg bis zur Tür zu gelangen, ohne entdeckt zu werden, so wäre er doch immerhin bald angezogen. Die Nacktheit machte alles nur noch schlimmer. Auf allen vieren krabbelte er aus seinem Versteck. Es tat gut, sich zu bewegen, und war zugleich schmerzhaft. Sein rechtes Bein war von der Pobacke abwärts eingeschlafen, und es kribbelte im Oberschenkel, als er über den Dielenboden kroch. Die Kleider lagen ein ganzes Stück unter dem niedrigen Bett, und er passte nicht darunter. Er presste seine Wange gegen die Bettkante, streckte den Arm, so weit er konnte, und tastete umher. Seine Finger hatten gerade den Wollpullover zu fassen bekommen, als er draußen im Flur Schritte hörte. Blitzschnell versuchte er, im Rückwärtsgang wieder zum Schrank zu gelangen, aber die Person im Flur war bedeutend schneller.

Und das Letzte, was sie sehen wollte, war ein nackter Mann mit einem schwarzen Wollpullover in der Hand auf dem Dielenboden. Hektisch versuchte sie, ihn wieder in den Schrank zurückzuscheuchen. Aus ihren Augen leuchtete pure Irritation.

Husch, husch! Hinein mit dir! Versteck dich!, schien sie ihm sagen zu wollen.

Sebastian merkte, wie er allmählich sauer wurde. Er wollte einfach nur aufstehen, sich auf seine zwei Beine stellen und wieder Mensch werden.

Im nächsten Moment ertönte Oves Stimme: «Hast du mein Ladegerät gesehen?»

Die Frau drehte sich hastig in die Richtung um, aus der die Stimme kam.

«Nein. Wo hattest du es denn zuletzt abgelegt?», zwitscherte sie, während sie Sebastian gleichzeitig mit immer wilderen Gebärden anzutreiben versuchte.

«Im Schlafzimmer. Ich werde es gleich mal suchen. Das Handy sollte wohl besser aufgeladen sein, falls die Polizei noch mal anruft.»

Sie hörten beide gleichzeitig, wie Ove sich dem Schlafzimmer näherte.

Sebastian robbte blitzschnell in den Schrank zurück und schob lautlos die Tür hinter sich zu. Helen oder vielleicht auch Helena stürmte in das Zimmer und begann zu suchen.

«Ich mach das schon! Bleib du nur sitzen!» Immer noch in diesem übertriebenen Singsang.

Durch den kleinen Schlitz in der Schranktür sah Sebastian, wie sie zur Steckdose neben dem ungemachten Bett sprang und den kleinen weißen Stecker herauszog. Sie kam ihrem Mann in der

Türöffnung entgegen und hielt ihm zufrieden das Ladegerät hin. «Hier ist es!»

Er nahm es entgegen und lächelte sanft. «Ich weiß, du findest das albern. Aber es ist so spannend! Gruselig, aber auch spannend, und endlich stehe ich ausnahmsweise auch mal ein bisschen im Mittelpunkt.»

Plötzlich drang ein Geräusch unter dem Bett hervor. Ein regelmäßiges, rhythmisches Brummen. Sebastian verstand sofort, was es war. Ein Handy mit Vibrationsalarm.

Sein Handy.

In seiner Hosentasche.

Unter ihrem Bett.

Sebastian bildete sich ein, die Panik der Frau an der Tür förmlich spüren zu können. Das Telefon brummte weiter. Sie war wie gelähmt. Dann sah sie nervös zum Schrank hinüber.

Einmal. Zweimal.

Sieh mich nicht an, dachte Sebastian. Du darfst doch nicht wissen, dass ich hier bin.

Aber sie hatte sich offenbar nicht unter Kontrolle. Ihr Blick wanderte immer wieder zu dem kleinen Spalt in der Tür zurück, als könnte der Mann dort drinnen das Geräusch zum Verstummen bringen.

«Das muss dein Handy sein», sagte Ove lächelnd. «Willst du nicht drangehen?»

«Doch, doch. Ich wusste nur nicht, dass es hier ist. Es muss irgendwie hinter das Bett gefallen sein», presste sie hervor. Ove nickte und schlenderte davon. Sie starrte ihrem ahnungslosen Gatten hinterher. Sebastian versuchte zu begreifen, was gerade passiert war.

Konnte es wirklich so einfach sein? Waren sie tatsächlich noch einmal davongekommen?

Unter allen wahrscheinlichen Szenarien, die in Sebastians Kopf aufgetaucht waren, war dieses gar nicht erst dabei gewesen. Es wirkte in keiner Weise realistisch. Aber genau das war passiert. *Es war wahr.*

Mit schnellen Schritten kam die Frau ins Schlafzimmer, beugte sich unter das Bett und zog hastig Sebastians Sachen hervor. Sie stand auf, öffnete die Schranktür und warf sie hinein oder besser gesagt direkt auf ihn.

Dann beugte sie sich vor und flüsterte: «Wehe, du zerstörst mein Leben. Du rührst dich nicht von der Stelle, ehe ich ihn irgendwie aus der Wohnung bekommen habe!»

Dann drehte sie sich um und verließ den Raum.

Sebastian sah ihr einen Moment nach, ehe er sich ein wenig mühsam anzog. Die eine Socke fehlte noch immer.

Nachdem er ansonsten fertig bekleidet war, nahm er sein Handy aus der Hosentasche und stellte den Vibrationsalarm aus.

Ein entgangener Anruf.

Ursula.

Ach ja, sie hatten sich doch heute früh treffen wollen, um die Frau des Ermordeten zu der Überwachungskamera und ihrer Position zu befragen.

Die Kamera.

Nicht realistisch.

Aber es war wahr.

Plötzlich begriff Sebastian, dass Ursula und er denselben Fehler begangen hatten, der auch ihm selbst gerade unterlaufen war. Sie hatten die Situation nicht aus der richtigen Perspektive betrachtet, sondern in ihrer eigenen verharrt. Genau wie Ove nicht auf die Idee kam, dass das vibrierende Telefon jemand anderem gehörte als seiner Frau, hatten die Täter sich nicht vorstellen können, dass es in dem Laden eine Kamera gab.

Er erinnerte sich an die Videosequenz, in der die plötzliche Unsicherheit deutlich wurde. Die Männer dort drinnen hatten beide einen kurzen Blick ins Lager geworfen. Zwei oder drei Mal.

Genau wie Oves Frau gerade den Schrank angestarrt hatte.

Irgendjemand hatte ihnen erklärt, wo die Kamera war.

Jemand, der im Lager stand, außerhalb des gefilmten Bereichs.

Ursula fühlte sich gut vorbereitet und hatte nicht vor, noch länger auf Sebastian zu warten. Sie sah zu der blonden Frau hinüber, die ein Stück entfernt stand und wartete. Wenn er nicht an dieser Befragung teilnehmen wollte, musste er das selbst wissen. Schließlich war es zu seinem eigenen Nachteil. Ihr Telefon piepste. Eine SMS.

Kannst du jemanden in die Ljunggatan 32 schicken, um Ove Wiktorsson zur Befragung abzuholen? Seb

Irritiert tippte Ursula eine schnelle Antwort.

Warum das denn? Er sollte doch erst am Nachmittag wiederkommen.

Sebastian antwortete genauso schnell.

Er kam früher als gedacht.

Ursula starrte auf die fünf Worte. Das konnte doch nicht wahr sein! Oder? Bei normalen Menschen wäre ihr dieser Gedanke gar nicht erst gekommen. Aber wenn es um Sebastian ging, hatte sie gelernt, immer vom Extremen und Undenkbaren auszugehen. Sie erinnerte sich daran, wie offen die Frau gestern mit Sebastian geflirtet hatte, als sie Ove sprechen wollten. Es musste so sein. Woher sollte Sebastian sonst wissen, dass Ove früher nach Hause gekommen war?

Sie sah erneut zu der blonden Frau am Ende des Korridors hinüber. Es gab so vieles, was Ursula Lena Hansson fragen wollte. Und jetzt war Sebastian dabei, ihre soeben gewonnene Konzentration zu zerstören.

Lena Hanssons Geburtsurkunde hatte ein Detail enthalten, das die Begegnung mit ihr bedeutend interessanter machte. Sie war als Lena Kraweski in Polen geboren worden. Im Alter von sechzehn Jahren war sie von dort weggezogen. Vielleicht war das auch reiner Zufall, aber in der jetzigen Lage war es eine Spur, die sie unmöglich außer Acht lassen konnten. Ein Auto mit polnischem Kennzeichen vor dem Laden … Vielleicht hatte Lena noch mehr Verbindungen in ihr Heimatland. Sie war von einer trauernden Ehefrau zur Verdächtigen geworden.

Ursulas Handy piepste noch einmal.

Bitte …

Ursula seufzte. Warum konnte Sebastian nicht so sein wie andere Kollegen? Sie antwortete erneut, ehe sie auf die wartende Lena zuging.

Eine kurze Nachricht.

Sehr kurz.

NEIN!

Torkel stand neben dem beigefarbenen Kleintransporter und warf einen Blick in den Laderaum, der mit Sachen voll beladen war. Vermutlich wertvollen Antiquitäten. Er kannte sich auf diesem Gebiet nicht aus, gründete seine Annahme jedoch auf zwei Feststellungen:

1. Das Zeug sah alt aus.
2. Es handelte sich um Diebesgut.

Die Möbel wurden hin und wieder von Fotoblitzen erleuchtet. Die beiden Männer mit den weißen Overalls und den Einweghandschuhen, die das Auto untersuchten, machten ein Foto, verschoben einige Möbelstücke, räumten ein neues frei, machten ein weiteres Foto.

Torkels Telefon klingelte. Ursula.

Er meldete sich und entfernte sich langsam von dem Auto.

«Lena Hansson wurde in Polen geboren», sagte Ursula sofort.

«Aha.»

Torkel beobachtete eine riesige Sturmmöwe, die sich auf dem Dach des Zollhauses niederließ. Sie schien das Geschehen an dem Auto mit großem Interesse zu verfolgen. Vielleicht hoffte sie darauf, dass die weiß gekleideten Männer gleich einen Proviantkorb hervorholen würden und etwas für sie abfiele. Torkel konnte Sturmmöwen nicht leiden. Es hatte irgendetwas mit ihrer Größe und ihren toten Augen zu tun. Sie schienen zu allem fähig. Die Hooligans der Vogelwelt.

«Lena ist hierhergezogen, als sie sechzehn war», fuhr Ursula fort, «aber ihr jüngerer Bruder wohnt noch in Polen.»

«Aha.»

«Er wurde vor vier Monaten aus dem Gefängnis entlassen. Dort saß er wegen bewaffneten Raubs und Körperverletzung.»

«Heißt er zufällig Woytec Kraweski?», fragte

Torkel, den Blick noch immer auf die Riesenmöwe gerichtet.

Schweigen im Hörer. Torkel konnte sich genau vorstellen, wie Ursula selbst darauf zu kommen versuchte, woher er diese Information hatte. Aber schließlich musste sie doch aufgeben und ihn fragen: «Woher wusstest du das?»

«Der Zoll hat ihn und seinen Bruder heute früh um fünf geschnappt, als sie die erste Fähre nach Danzig nehmen wollten. Deshalb bin ich hier.»

Inzwischen hatte die Möwe wohl eingesehen, dass die Männer im Overall nicht vorhatten, auf dem Parkplatz der Zollverwaltung ein zweites Frühstück einzunehmen, und hob mit langsamen Flügelschlägen vom Dach ab. Torkel folgte ihr mit dem Blick, bis sie außer Sichtweite war. Man konnte nie wissen; womöglich käme sie auf die Idee, ihren Frust über die entgangene Mahlzeit an einem unschuldigen Kriminalkommissar auszulassen.

«Ihr habt die gestohlenen Sachen gefunden?»

Schwang da ein Hauch von Enttäuschung in Ursulas Stimme mit? Das wäre merkwürdig. Es sah ihr eigentlich nicht ähnlich, zu schmollen, weil sie nicht diejenige war, die die entscheidenden Anhaltspunkte beisteuerte oder die endgültigen Schlüsse zog. Sie wusste genau, dass sie in diesem Team unersetzlich war. Torkel sah wieder zu dem vollbeladenen Auto hinüber.

«Scheint so, ja.»

«Auch die Mordwaffe?»

«Schwer zu sagen. Ich sorge dafür, dass dir alle Fotos, die wir hier machen, zugeschickt werden. Dann kannst du sie durchsehen und sagen, was du dazu meinst.»

«Klar. Gut.»

Eine kurze Pause entstand. Torkel überlegte eine Sekunde, ob er das Telefonat beenden sollte, bis er darauf kam, was die Ursache für Ursulas Gereiztheit sein musste.

Sebastian Bergman.

Torkel hatte ihn nur deshalb mit nach Hässleholm genommen, weil er die Gelegenheit dazu gehabt hatte. Nicht weil Sebastian wirklich gebraucht wurde. Es war klar, dass Sebastian Bergman seine Wut darüber früher oder später an demjenigen ausließ, der gerade in der Nähe war. In diesem Fall Ursula.

«Ist Sebastian schon aufgestanden?», fragte Torkel mit einer möglichst neutralen Stimme. Obwohl er keine Ahnung hatte, was sein Mitarbeiter diesmal angestellt hatte, verschlechterte sich seine Laune bereits.

«Ja, ich glaube schon.»

«Aber er ist nicht bei dir?»

«Nein.»

«Was macht er denn dann?»

Wieder entstand ein kurzes Schweigen, aber diesmal hätte Torkel schwören können, dass in Ursulas Stimme ein Lachen mitschwang, als sie schließlich antwortete.

«Er leidet, hoffe ich.»

Und mit diesen Worten legte Ursula auf und hinterließ Torkel sprachlos.

Sebastian litt wirklich dort, wo er saß. Nicht nur, weil es unmöglich war, auf dem zugigen Fußboden eine bequeme Sitzhaltung einzunehmen. Ove Wiktorsson schien zu allem Überfluss auch noch ein Mann mit ernsthaften Konzentrationsschwierigkeiten zu sein. Immer wenn es draußen eine Weile lang still war und Sebastian überlegte, ob er aus dem Schrank schlüpfen und zur Schlafzimmertür schleichen sollte, um sich einen Eindruck vom Grundriss der Wohnung zu verschaffen, kam Ove vorbeigelaufen. Mal ging er zur Toilette, mal in die Küche, um sich ein Glas Wasser zu holen, mal zum Fenster, um einen Blick auf das Vogelhäuschen zu werfen. Oder er drehte einfach nur eine Runde durch die Wohnung. Helen/Helena hatte noch zweimal angeregt, einen Spaziergang zu machen, und Ove hatte es zweimal abgelehnt. Sebastian konnte beileibe nicht verstehen, warum. Dieser Kerl schien doch einen unstillbaren Bewegungsdrang zu haben. Wie überstand er bloß einen normalen Arbeitstag? War Wirtschaftsprüfer etwa keine sitzende Tätigkeit?

Vor zehn Minuten hatte Ove dann unbedingt etwas im Videotext nachsehen müssen, aber anschließend war es wieder ruhig gewesen. Sebastian wollte gerade einen neuen Versuch wagen, den Schrank zu verlassen, als es an der Tür klingelte. Er sank wieder auf den Boden und stieß einen stummen Fluch aus, während er hörte, wie Ove sich bereit erklärte, an die Tür zu gehen. Kurz darauf wurde der Schlüssel umgedreht und der Türgriff heruntergedrückt, und Ove sagte in einem so fragenden Ton «Hallo?», dass die Begrüßung automatisch auch die Frage «Wer sind Sie?» implizierte.

«Hallo, mein Name ist Ingrid Bondesson, ich komme von der Polizei in Hässleholm», begann der Gast, und Sebastian sah in Gedanken vor sich, wie sie ihm die Hand hinstreckte. Er lehnte sich lächelnd zurück. Vergaß auf der Stelle sein taubes Bein und seinen steifen Rücken. Ursula hatte ihm also doch geholfen. Ihre abschlägige Antwort in Versalien war nur ein Warnschuss gewesen.

Eine Machtdemonstration.

Ein Ausdruck von Missbilligung.

Egal. Jetzt, wo es wirklich drauf ankam, war auf sie Verlass. Ingrid Bondesson von der Polizei Hässleholm war da, und schon in Kürze wäre Ove Wiktorsson endlich aus der Wohnung verschwunden. Mühsam richtete Sebastian sich auf und ging in die Hocke, bereit, die Schiebetür aufzureißen und hinauszuspringen, sobald die Gelegenheit kam. Er hatte sich so sehr darauf eingestellt, dass seine Gefangenschaft bald ein Ende hätte, dass er zunächst gar nicht verarbeiten konnte, was er Ingrid Bondesson draußen im Flur sagen hörte: «Kann ich reinkommen und Ihnen ein paar Fragen stellen? Es geht um den Raubmord im Antiquitätenladen letzte Woche.»

Sebastian erstarrte. Hereinkommen und Fragen stellen? Was zum Henker machte die da? Ove sollte weg! Er sollte auf dem Präsidium verhört werden. Wie konnte man einen so einfachen Auftrag nur missverstehen?

Die einfache Antwort lautete: Man konnte ihn nicht missverstehen.

Sebastian sank erneut auf den Boden. Ursula hatte alles begriffen. Ihre SMS war tatsächlich ein Ausdruck von Missbilligung gewesen. Aber erst jetzt demonstrierte sie wirklich ihre Macht. Ingrid Bondesson war sich dessen gar nicht bewusst, aber sie war eine deutliche Botschaft von Ursula an Sebastian: «Ich weiß, was du getan hast, und ich kann das nicht gutheißen!»

Draußen in der Küche begann Ingrid Bondesson inzwischen, Fragen zu stellen, die Ove ausführlich beantwortete. Aber Sebastian hörte nur mit halbem Ohr hin. Ursula wusste genau, was los war. Und wenn sie es Torkel erzählte, täte Sebastian besser daran, nie wieder aus dem Schrank hervorzukommen.

Die Bilder aus Trelleborg waren da. Als Ursula sie zum ersten Mal durchblätterte, fiel ihr unter dem Diebesgut unmittelbar nichts auf, was als potenzielle Mordwaffe in Frage kam. Zwar waren einige schwere Gegenstände darunter, aber die meisten hatten scharfe, flache Kanten, und im Obduktionsbericht war von stumpfer Gewalt die Rede gewesen. Außerdem hätten deutliche Reste von Blut und Haaren darauf sichtbar sein müssen. Ursula konnte sich nur schwer vorstellen, dass die Täter sich die Zeit genommen hatten, die Waffe zu reinigen. Denn dann hätten sie damit gerechnet, gefasst zu werden, und Ursulas Erfahrung nach war dieser Gedanke den zumeist selbstsicheren, jungen, männlichen Bandenmitgliedern in der Regel völlig fremd.

Sie sah die Bilder erneut durch. Und noch einmal. Hielt inne. Grübelte und betrachtete das Material erneut.

Das, was man nicht sah, war mitunter genauso interessant wie das, was man direkt vor Augen hatte.

Sie stand vom Computer auf und ging direkt zu dem Tisch unter dem Whiteboard, wo ihre Ermittlungsergebnisse übersichtlich präsentiert waren, mit einer Zeittafel und Pfeilen zwischen den einzelnen Bildern und Stichpunkten. Schnell fand sie auf dem Tisch den richtigen Ordner, schlug ihn auf und blätterte darin, während sie sich wieder zum Computer begab. Sie setzte sich davor und nahm eine Liste aus dem Ordner. Es waren Lena Hanssons Angaben darüber, welche Stücke bei dem Einbruch aus dem Laden verschwunden waren. Es seien knapp dreißig Stück gewesen, hatte Lena gesagt, aber vielleicht habe sie ja auch etwas übersehen. Schließlich habe ihr Mann

Überstunden gemacht, um die Neuerwerbungen aus einer Wohnungsauflösung auszupacken, als er überfallen worden sei. Was davon möglicherweise gestohlen worden sei, wisse sie natürlich nicht, hatte sie erklärt.

Ursula fuhr mit dem Finger die Liste hinab. Stoppte bei «Teppich, Kashmar, 398 × 290 cm. Mittiges Emblem auf blauem Hintergrund. Durchgehendes, stilisiertes Muster von Blumen und Blattwerk».

Ursula prüfte sicherheitshalber noch einmal die Bilder, die man ihr geschickt hatte, obwohl sie es bereits wusste: In dem Auto hatte es keinen Teppich gegeben.

Sie ging die Liste weiter durch.

Stutzte erneut. «Tischpendeluhr, erste Hälfte des 19. Jahrhunderts. Vergoldet, gerade Form. Aufgesetzte Öllampe und weitere Details. 31 × 12 × 41 cm.»

Zwar hatte sie auf den Fotos einige Uhren gesehen, aber keine vergoldete in dieser Größe. Natürlich konnten die Diebe einen Teil der Ware bereits in Schweden verkauft haben, aber das schien eher unwahrscheinlich. Und jetzt hatte Ursula vor, dem Wahrscheinlichen nachzugehen. Sie blätterte weiter in dem Ordner, bis sie schließlich fand, was sie suchte. Nahm ihr Telefon und wählte eine Nummer. Als sie eine knappe Viertelstunde später auflegte, war sie im Bilde.

«Ich habe mit Ihrer Versicherungsgesellschaft telefoniert», sagte Ursula zu Lena Hansson, die ihr nun erneut in dem kleinen Raum auf der Polizeistation von Hässleholm gegenübersaß. Sie wartete auf eine Reaktion, doch es kam keine. Also fuhr sie fort: «Vor mehr als einem Monat haben Sie den Versicherungswert um rund 150 000 Kronen erhöht, weil sie einige wertvolle Antiquitäten ins Sortiment genommen hatten.»

Sie hielt inne, um Lena die Möglichkeit zu geben, diese Behauptung zu kommentieren. Aber die Frau auf der anderen Seite des Tischs schwieg noch immer. Ursula betrachtete sie. Nichts in Lenas Gesicht verriet, dass die soeben gehörten Informationen irgendeine Bedeutung für sie besaßen. Es war an der Zeit, den Druck zu erhöhen.

Ursula schob ihr eine Liste über den Tisch.

Eine kurze Liste.

Nur fünf Punkte.

Fünf Gegenstände.

Lena warf einen kurzen Blick darauf und sah dann wieder Ursula an, mit einem Blick, der zwischen Verständnislosigkeit und Desinteresse schwankte.

«Diese fünf Gegenstände haben Sie nach dem Einbruch als gestohlen gemeldet», sagte Ursula und tippte mit dem Zeigefinger auf das Papier. «Aber sie befanden sich nicht unter dem Diebesgut, das wir in dem Wagen der Täter gefunden haben.»

Zum ersten Mal reagierte Lena merkbar. Sie zuckte zusammen, holte Luft, als wollte sie etwas sagen, hielt dann aber inne. Kontrolliert ließ sie die Luft durch die Nasenlöcher entweichen und nahm wieder ihre ursprüngliche Sitzhaltung ein. Mit dem einzigen Unterschied, dass sie ihr Gegenüber nicht länger ansah.

Ursula fiel plötzlich ein, dass Lena gar nichts von dem Auto wissen konnte.

«Ach ja», erklärte sie mit einer möglichst neutralen und informativen Stimme. «Wir haben das Auto gefunden und zwei Männer verhaftet, die verdächtig sind, den Einbruch begangen und Ihren Mann ermordet zu haben.»

Dann schwieg sie. War es reine Einbildung, oder wirkte Lena jetzt angespannt – als stellte sie sich auf schlechte Nachrichten ein? Ursula wollte sie nicht enttäuschen.

«Der eine ist Ihr Bruder, der andere Ihr Cousin.»

Lena sank auf dem Stuhl zusammen. Es war, als würde alle Kraft aus ihr entweichen. Ihre bisherige Hoffnung, die zwar immer kleiner geworden war, je mehr Ursula erzählt hatte, die sie jedoch immer noch aufrecht erhalten hatte, war nun vollkommen verschwunden. Sie war noch immer stumm. Aber jetzt brauchte sie auch nichts mehr zu sagen. Ihre Körperhaltung verriet, dass alles verloren war.

Ursula lehnte sich zurück.

«Ich werde Ihnen jetzt einmal sagen, was ich glaube. Sie können mich ja korrigieren, wenn ich falschliege», fuhr sie mit einer gewissen Härte in der Stimme fort. «Ihr Mann und Sie hatten vor, die Versicherung zu betrügen. Sie geben an, dass Sie einige wertvolle Gegenstände hinzubekommen hätten, erhöhen den Versicherungswert, und als Ihr Bruder aus dem Gefängnis entlassen wird, überreden Sie ihn dazu, einen Einbruch zu fingieren, damit Ihnen die Summe ausbezahlt wird.»

Ursula machte eine Pause, um Lena die Gelegenheit zu geben, sich zu äußern. Sich zu erklären und zu verteidigen. Aber die blonde Frau hatte anscheinend beschlossen, so wenig wie irgend möglich zu sagen. Ursula nahm einen Schluck Wasser und stand auf.

«Damit das alles nur einen Monat nach dieser Erhöhung nicht zu verdächtig erscheint, begehen Ihr Bruder und Ihr Cousin zuerst zwei andere Einbrüche, einen in Malmö und einen in Varberg. Es soll den Eindruck erwecken, dass sie auf Einbruchstour sind und Tords Laden die dritte Station ist.»

Ursula ging um den Tisch und stellte sich hinter Lena. Sie betrachtete die zusammengesunkene Frau, die völlig reglos dasaß, den Kopf gesenkt, den Blick auf die Tischplatte geheftet.

«Aber irgendwas läuft schief, als Ihr Mann auf dem Boden liegt. Irgendetwas führt dazu, dass einer von Ihnen zweiundzwanzig Mal auf ihn einschlägt, mit einem stumpfen Gegenstand, den Sie anschließend mitnehmen.»

Ursula stützte sich mit einer Hand auf den Tisch neben Lena und beugte sich vor. Sie kam näher und senkte die Stimme.

«Das ist das Einzige, was wir nicht wissen, Frau Hansson. Warum Sie ihn umgebracht haben. Helfen Sie uns.»

Jetzt bewegte Lena sich. Sie schüttelte den Kopf. Langsam, fast unmerklich. Dann drehte sie sich zu Ursula um, und Ursula registrierte zwei Dinge: Lenas Atem roch nach Rauch. Und ihr liefen die Tränen die Wangen hinab. Ursula hatte nicht einmal gehört, dass sie zu weinen begonnen hatte. Aber jetzt hörte sie Lenas Stimme, die ungewohnt fest und bestimmt klang.

«Als wir gegangen sind, hat er gelebt.»

Sie sagte es zweimal, als ob die Wiederholung ihr helfen würde.

Sebastian sah einen eingehenden Anruf auf dem Display seines stummgeschalteten Handys und nahm ab. Er kam nicht einmal dazu, etwas zu flüstern, ehe Ursula einen zufriedenen Monolog einleitete. Lena Hansson habe gestanden. Zwar nicht den Mord, aber einen Versicherungsbetrug. Sie sei während des Einbruchs mit ihrem Bruder und dem Cousin im Laden gewesen. Habe behauptet, dass Tord noch am Leben gewesen sei, als sie den Laden verlassen hatten. Aber es sei wohl nur eine Frage der Zeit, bis sie auch den Mord gestehen würde, glaubte Ursula. Solange sie nur die Mordwaffe fanden. Ursula war gerade mit einem Durchsuchungsbeschluss auf dem Weg zum Haus der Hanssons.

«Ich habe schon verstanden, dass du keine Lust hattest, hierherzukommen. Aber eigentlich haben wir dich ja auch nicht gebraucht», schloss sie ihren Bericht nicht ohne Schadenfreude in der Stimme.

«Das muss ein erhebendes Gefühl für dich sein», flüsterte er trocken.

«Ja, in der Tat. Wo steckst du eigentlich? Unter einem Bett? Hinter einem Sofa? In einem Kleiderschrank?»

Sebastian hörte, wie sie ein Lachen unterdrücken musste.

«Hast du es Torkel erzählt?», erkundigte er sich und kniff die Augen zusammen, während er auf die Antwort wartete.

«Nein. Findest du, ich sollte das tun?»

«Ich finde, du hast mich schon genug gequält», antwortete Sebastian. «Diese Bondesson vorbeizuschicken, um Ove in der Küche zu verhören, war ein deutliches Zeichen. Ich habe kapiert, was du denkst. Die Botschaft ist angekommen. Kannst du mich jetzt endlich befreien?»

«Ich habe niemanden geschickt, und Bondesson schon gar nicht, die ist krankgeschrieben», erwiderte Ursula. «Und weißt du, was, ich habe auch nicht vor, jemanden zu schicken. Wie man sich bettet …»

Sprach sie und legte auf. Sebastian starrte auf

sein Handy. Als hoffte er, dass ihm das leblose Ding eine Antwort auf seine Frage geben würde. Etwas, das erklärte, was er da gerade gehört hatte.

Warum sollte eine krankgeschriebene Polizistin einen Hauptzeugen befragen, wenn sie nicht von Ursula geschickt worden war? Dass der hiesige Kommissar – den selbst Sebastian für kompetent hielt – sie geschickt hatte, schien unwahrscheinlich.

Sebastian rief sich noch einmal Bondessons Befragung des Hauptzeugen in Erinnerung. Er hatte nicht genau zugehört, was dort draußen in der Küche gesprochen worden war. Aber je mehr er darüber nachdachte, desto unausgewogener kam ihm die Vernehmung vor. Einseitig. Bondesson hatte sich bei einigen Aspekten zu sehr aufgehalten und andere vollkommen ignoriert. Sie suchte eigentlich keine Antworten, sondern nur eine Bestätigung.

Er erkannte das Muster.

So verhörte man einen Zeugen, wenn man mehr wusste als er.

Sebastian wurde aus seinen Gedanken gerissen, als er draußen im Flur jemanden hörte. Er lugte durch den Spalt hinaus und sah Helen/Helena vorbeigehen. Sie wirkte gestresst. Genau genommen war sie ebenfalls eingesperrt. Sie hatte mehr Auslauf, aber das war auch der einzige Unterschied.

Sebastian beschloss, die Gelegenheit zu nutzen, denn er konnte wohl kaum zu einem noch größeren Problem werden, als er ohnehin schon darstellte. Also schob er die Tür auf und zischte ihr so leise wie möglich zu. «Pst! Pssst!»

Von Panik ergriffen starrte sie erst ihn an, dann in den Flur in Richtung ihres Mannes, dann wieder zu Sebastian, der sich bemühte, so freundlich und normal zu wirken wie möglich, als er den Kopf aus dem Schrank steckte.

«Hast du einen Laptop, den ich mal kurz benutzen kann?»

Sie sah ihn mit einem Blick an, aus dem die blanke Angst sprach. Machte ein paar schnelle Schritte ins Schlafzimmer.

«Bitte, halt doch den Mund …!»

«Einen Computer, du weißt schon», beharrte er flüsternd. «Ich muss was im Internet recherchieren.»

Erst glaubte er, sie würde gleich auf ihn losgehen. Vermutlich tat sie es nur deshalb nicht, weil sie fürchtete, dass es zu viel Lärm machen würde. Stattdessen blieb sie kurz stehen und seufzte, ehe sie nach draußen verschwand.

Eine halbe Minute später kam sie mit einem kleinen Powerbook zurück und streckte es ihm mit einer Miene hin, die unmissverständlich sagte, dass er im Gegenzug ab sofort mucksmäuschenstill sein musste. Doch schon im nächsten Moment brach er dieses implizite Versprechen.

«Kannst du ihn auch für mich einschalten? Falls es ein Passwort oder so was gibt … Ich kenne mich mit Computern überhaupt nicht gut aus.»

Mit Händen, die vor Zorn zitterten, öffnete sie den Laptop und drückte auf eine Taste. Er surrte leise, und der Bildschirm leuchtete sofort auf.

Sebastian nahm den Rechner und versuchte sich an einem dankbaren Nicken, das jedoch unerwidert blieb.

«Du, noch was, meine Schuhe, wo hast du die eigentlich gelassen?»

Doch Helen/Helena verließ einfach das Zimmer und schloss die Tür hinter sich. Jetzt konnte er nicht einmal mehr hören, was draußen vor sich ging. Sebastian schob die Tür ganz zu. Durch das Licht des Monitors war es hier drinnen geradezu gemütlich, und die zwei geschlossenen Türen zwischen ihm und Ove gestatteten Sebastian, sich ein wenig zu entspannen. Er machte es sich, so gut es ging, bequem. Begann mit dem Personalregister der Reichspolizei. Zehn Minuten und einige Recherchen später starrte er auf die Informationen, die er entdeckt hatte.

Sie waren ausgesprochen interessant.

Ursula war gut.

Aber Sebastian Bergman war besser. Obwohl er in einem Damenkleiderschrank gefangen war.

Sie saßen in dem engen Verhörraum in der Polizeistation von Hässleholm, wo zuvor Ursula und Lena gesessen hatten. Ingrid Bondesson auf der einen Seite, Ursula und Torkel auf der anderen.

Zwischen ihnen auf dem Tisch lag Ursulas Handy neben dem eingeschalteten Aufnahmegerät. Ingrid Bondesson, eine brünette Mittvierzigerin mit einem runden, freundlichen Gesicht, sah müde und mitgenommen aus. Skeptisch beäugte sie das Telefon.

«Ich verstehe nicht ganz … ist da noch jemand am Telefon?»

«Ja, unser Kriminalpsychologe Sebastian Bergman», antwortete Ursula nickend. «Er kann leider nicht persönlich hier sein. Aber wir hätten trotzdem einige Fragen an Sie.»

Ingrid nickte. «Es ist schrecklich, was passiert ist.»

Aus dem Hörer drang ein leises Flüstern. Niemand verstand etwas.

«Ich glaube, er will sich bedanken, dass sie trotzdem gekommen sind. Trotz der Krankschreibung», sagte Ursula lächelnd und stellte den Ton des Handys lauter.

«Ich wollte helfen, wo ich nur konnte», erwiderte Ingrid.

«Damit würden wir auch gern anfangen»,

sagte Ursula und beugte sich ein wenig vor. «Wir haben erfahren, dass Sie heute den Zeugen Ove Wiktorsson vernommen haben.»

Ingrid versuchte sich ein Lächeln abzuringen. Ganz offensichtlich hatte sie damit nicht gerechnet. Ihre Atmung wurde ein wenig schwerer.

«Vernehmen würde ich es nicht nennen.»

«Aber Sie waren bei ihm zu Hause, oder?», drang es flüsternd aus dem Telefon. «Und haben ihm Fragen gestellt?»

«Ja, aber ich bin ja krankgeschrieben, sodass ich formal nichts mit dieser Ermittlung zu tun habe. Ich wollte eher sehen, wie es ihm ging. Mehr so privat.»

«Also kennen Sie Wiktorsson näher?», hakte Torkel ein.

Er war gereizt, und das hörte man ihm auch an. Eigentlich sollte er als verantwortlicher Ermittler den Überblick über diesen Fall haben. Stattdessen fühlte er sich übergangen und musste fieberhaft seine eigene Rolle in alledem suchen. Ursula hatte sich außerdem nicht klar dazu geäußert, wo Sebastian steckte. Das würde sie später erklären, hatte sie gesagt. Aber irgendetwas an ihrem Tonfall hatte Torkel verraten, dass er nie erfahren würde, wo sich Sebastian Bergman aufhielt und warum er in sein Handy flüsterte. Ursula war Sebastian gegenüber loyaler, als sie es selbst zugeben würde, das wusste Torkel. Besonders wenn er, so wie jetzt, mit neuen Erkenntnissen zu dem Fall beitrug. Solange man etwas leistete, konnte die pragmatische Ursula über vieles hinwegsehen.

Ingrid starrte beschämt auf den Tisch. «Nein. Eigentlich kenne ich Wiktorsson nicht … Es war dumm von mir. Aber dieser Mord hat mich ziemlich aus der Fassung gebracht. Ich habe irgendwie nicht logisch gedacht.»

Aus dem Telefon war ein Zischeln zu hören. «Es gibt so einiges, was Sie vergessen haben, uns zu erzählen, nicht wahr?»

Ingrid wusste zunächst nicht, wen oder was sie ansehen sollte, und entschied sich fürs Telefon. «Wie meinen Sie das?»

«Ich glaube, Sebastian meint, dass Sie mit dem Ermordeten verwandt sind. Das stimmt doch wohl?» Ursula lehnte sich zurück und fixierte sie.

«Wir sind keineswegs dumm. Glauben Sie wirklich, dass wir nicht auf diese Verbindung gestoßen wären?»

Der letzte Satz klang richtig gut.

Obwohl er nicht richtig war.

Ohne Sebastian hätten sie vermutlich nie in diese Richtung ermittelt. Die Verwandtschaft war zu entfernt. Zu unbedeutend. Das wusste Ursula.

«Ich war schockiert. Und dann kam es mir so dumm vor, das zu erzählen. Es hatte nichts zu bedeuten, und ich hatte Angst, dass daraus eine große Sache gemacht würde.»

«Es ist eine große Sache», sagte Torkel.

«Besonders weil er nicht tot war, als Sie ihn fanden.»

Ingrid starrte auf das Handy. Sie wand sich nervös auf dem Stuhl.

«Was meinen Sie?» Ihre Stimme zitterte ein wenig.

«Ich glaube, dass Sie ihn lebend gefunden haben. Gefesselt, aber lebend», drang es aus dem Telefon.

«Wir haben Ihr Handy überprüfen lassen», ergänzte Ursula. «Sie haben um Viertel nach fünf Ihre Kollegin Eva Tonbäck angerufen und gesagt, dass Sie sich ein wenig verspäten würden. Stimmt das?»

Ingrid nickte. «Ich war zu Hause und hatte die Zeit vergessen.»

«Sie waren nicht zu Hause. Sie waren in der Storgatan, als Sie anriefen. Plus/minus 100 Meter von Tords Antiquitätenladen entfernt, darüber geben die Handymasten Aufschluss.»

Ingrid antwortete nicht. Sie starrte auf den Tisch und hoffte, dass diese Wölfe vor ihren Augen endlich verschwinden würden, wenn sie nur schwieg und sich unsichtbar machte.

Doch das würden sie nicht.

Denn jetzt hatten sie Blut gewittert.

«Sie waren dort, und er lebte. Dann sind Sie zurückgekommen, nachdem Ove Wiktorsson die Polizei wegen des Einbruchs alarmiert hatte. Als erste Polizistin am Tatort. Sie waren als erste da, weil sie in der Nähe geblieben waren.»

«Ich weiß nicht, wovon Sie reden.»

Eine Weile lang herrschte Schweigen. Sebastian wartete. Manchmal waren Pausen genauso effektiv wie Fragen.

«Ihr Chef Roland Tapper hat Sie angerufen, eine Weile bevor wir Sie hergebeten haben.»

Ingrid nickte schwach, obwohl es mehr eine Feststellung war als eine Frage.

«Er wollte Sie informieren, weil Sie das Ganze so schwergenommen haben. Und erzählte Ihnen, dass wir Lena Hansson verdächtigten, oder?», fuhr Sebastian flüsternd fort. «Erinnern Sie sich daran, was er noch gesagt hat?»

Ingrid schüttelte erneut den Kopf.

«Sagte er nicht, dass uns einzig und allein die Tatwaffe noch fehlte?»

Ingrid sah zu den anderen auf. Plötzlich erkannte sie, dass sie in eine Falle getappt war. Sie wurde leichenblass. Ursula deutete mit dem Kopf auf das Telefon. «Das war Sebastians Idee. Wir wollten sehen, wie Sie reagieren, wenn Sie das hören.»

Ingrid fand nicht einmal mehr Kraft, den Kopf zu schütteln. Wie eine kreideweiße Marmorstatue saß sie vor ihnen und starrte vor sich hin. Ursula betrachtete sie und führte Sebastians Befragung fort.

«Wir wissen, was Sie getan haben. Sie fuhren mit einer kleinen Kiste zu Lena Hansson. Und verließen das Haus anschließend ohne die Kiste. Sollen wir Ihnen erzählen, was sich darin befand? Oder möchten Sie es selbst tun?»

Ingrid machte keine Anstalten, etwas zu erzählen. Man konnte ihr nicht einmal ansehen, ob sie Ursula gehört hatte oder nicht.

«Wir haben den Hammer gefunden, den Sie in Lenas Keller versteckt haben», sagte Torkel. Das war auch schon fast das Einzige, was Ursula ihm mitgeteilt hatte, bevor sie gemeinsam den Verhörraum betreten hatten. Sie hatten technische Beweise. Und er musste einfach nur mitspielen. «Wir können beweisen, dass Sie in der Nähe des Ladens waren», fuhr er mit autoritärer Stimme fort. «Wir wissen, dass Sie Tord Hansson ermordet haben. Wir sind uns nur nicht darüber im Klaren, aus welchem Grund Sie es getan haben.»

Torkel schielte zu Ursula hinüber. Das stimmte

doch hoffentlich? Dass sie kein Motiv hatten? Ursula nickte ihm zu. Ingrid sah erneut auf, sie hatte Tränen in den Augen. Sie hatte keine Kraft mehr, noch länger dagegen anzukämpfen.

«Er hat Fredrika umgebracht.»

«Ihre Tochter? In Ihrer Personalakte steht aber, dass sie sich das Leben nahm.»

«Stand da auch, warum?» Ingrid spie die Frage geradezu aus. «Er war sogar ihr Patenonkel, aber er, er …»

Offenbar brachte sie es nicht über die Lippen.

«Hat sie missbraucht?», ergänzte Ursula.

«Mehrere Jahre lang. Es hat angefangen, als sie dreizehn war. Ich wusste nichts davon. Sie hat nie etwas gesagt, aber vor einigen Wochen habe ich Fredrikas Sachen sortiert und ihre Tagebücher gefunden … Und da stand alles. Er war ein Monster.»

Alle schwiegen. Sie hatten das alles schon oft erlebt. Wenn jemand erst einmal zu erzählen begann, hörte er selten mittendrin auf. Alles brach hervor. Wichtig war nur, dass derjenige, der erzählte, das Tempo selbst bestimmen durfte.

«Ich wollte ihn nur zur Rede stellen», brach Ingrid schließlich das Schweigen. «Also bin ich in den Laden gegangen. Die Tagebücher hätten nie für eine Verurteilung ausgereicht … Ich wollte nur ein Geständnis von ihm hören.»

Eine erneute Pause. Vielleicht wurde sie durch die Weinkrämpfe verursacht, die Ingrid jetzt überkamen und immer heftiger wurden. Ursula schob ihr ein Päckchen Taschentücher zu.

«Die Hintertür war offen, also ging ich hinein. Er lag gefesselt auf dem Boden. Ich sagte ihm, weshalb ich gekommen war. Er sagte, Fredrika wäre freiwillig mit ihm ins Bett gegangen. Sie hätte es so gewollt. Hätte ihn verführt. Alles wäre ihre Schuld gewesen …»

Die Erinnerung und die Tränen ließen Ingrid erneut verstummen. Sie wollte nicht weiterreden. Ursula beugte sich über den Tisch und nahm Ingrids Hand. Ingrid begegnete ihrem Blick, sah eine andere Mutter, jemanden, der sie verstand. Sie holte tief Luft.

«Verstehen Sie? Er hat ihr die Schuld gegeben! Er sagte, dass sie es gewollt hätte. Dass sie selbst schuld gewesen sei, das hat er gesagt! Ich habe dort einen Hammer gefunden … Sie nennen es Selbstmord, aber in Wirklichkeit war er es! Er hat meine Tochter umgebracht. Mit dem, was er ihr angetan hat. Und dann habe ich einfach zugeschlagen, immer wieder …»

Ursula drückte ihre Hand.

«Warum waren Sie heute bei Wiktorsson?», fragte Torkel leise.

«Ich wollte nur herausfinden, was er gesehen hat. Er war der einzige Zeuge, den Sie hatten, und wenn er nichts gesehen hat, dachte ich mir, wäre ich noch einmal davongekommen.»

«Da ist noch eine Sache, die ich gern verstehen würde», flüsterte es aus dem Telefon. Alle im Raum schreckten auf, sie hatten Sebastian beinahe vergessen. «Warum sind Sie noch einmal als Polizistin wiedergekommen? Es wäre doch wohl besser gewesen, sich von dort fernzuhalten?»

Ingrid senkte erneut den Kopf. Ihre Antwort ließ lange auf sich warten.

«Ich hatte den Hammer vergessen.»

Ursula ließ ihre Hand los.

«Ich bin der Meinung, Sie sollten Ihren Anwalt anrufen, ehe wir die Vernehmung fortsetzen.»

Sebastian war zufrieden.

Eingesperrt, abgeschirmt, ausgeliefert. All das spielte keine Rolle. Er war trotzdem der Beste.

Sie glaubten, sie bräuchten ihn nicht.

Dass er ihnen nichts nützte.

Die Wahrheit war, dass er gar nicht an einer Ermittlung beteiligt sein konnte, *ohne* einen Nutzen zu bringen. Vielleicht hatten sie es ja jetzt gelernt. Er würde jedenfalls noch lange an seine Stunden im Schrank zurückdenken, vielleicht sogar mit einem Quäntchen Wehmut.

Aber jetzt war es an der Zeit, die Sache abzuschließen.

Nicht genug, dass er den Fall gelöst hatte. Sie hatten sogar ein Geständnis. Und das machte Ove Wiktorssons Zeugenaussage vollkommen unerheblich.

Sebastian schob schwungvoll die Schranktür auf, ohne sich darum zu kümmern, ob man es im übrigen Teil der Wohnung hörte oder nicht. Er trat ins Schlafzimmer hinaus. Nicht auf allen vieren, sondern aufrecht wie ein Mann. Er ließ seinen Blick kurz über den Boden schweifen, um die zweite Socke zu finden, doch als er sie nirgends sehen konnte, beschloss er, darauf zu pfeifen. Wenn er nicht zufällig noch seine Schuhe entdeckte, würde es sowieso unangenehm kalt werden. Gut, dass kein Schnee lag, der Winter in Skåne schien nur ein tristerer Herbst zu sein. Wie auch immer, da musste er nun durch. Er ging auf die Schlafzimmertür zu, öffnete sie und schlüpfte in den Flur.

Ove entdeckte ihn zuerst. Er saß auf dem Sofa und schaute irgendeine Sportsendung im Fernsehen. Er folgte Sebastian mit einem Blick, der nichts als Erstaunen ausdrückte. Helen/Helena war in der Küche. Sie erstarrte, als sie sah, wie er zielstrebig auf die Wohnungstür zusteuerte.

«Auf die Schuhe kann ich verzichten ...», presste er schnell noch in Richtung Küche hervor, ehe er die Tür öffnete und ins Treppenhaus eilte. Er schlug die Tür hinter sich zu, und als er die zweite Treppe zur Hälfte geschafft hatte, hörte er die ersten wütenden Schreie.

Es war ihm egal.
Die Frau musste die Konsequenzen tragen.
Schließlich war sie ja untreu gewesen, nicht er.

Michael Hjorth ist ein erfolgreicher schwedischer Produzent, Regisseur und Drehbuchautor. Er schrieb u.a. Drehbücher für die Verfilmungen der Romane von Henning Mankell.
Hans Rosenfeldt ist ein beliebter schwedischer Radio- und Fernsehmoderator. Darüber hinaus verfasst er Drehbücher, zuletzt für die international bislang erfolgreichste skandinavische Serie «Die Brücke – Transit in den Tod», die zahlreiche Preise erhielt.

Ihre Krimireihe um den Stockholmer Psychologen Sebastian Bergman erscheint in 33 Ländern und wird von Sveriges Television in Kooperation mit dem ZDF verfilmt. Alle Bände befanden sich wochenlang in den Top 10 der Spiegel-Bestsellerliste.

«Ein schwedisches Autorenduo
mit Weltklasse-Format.»
WDR 5

Weitere Titel von Hjorth & Rosenfeldt

Feste feiern, wie sie fallen

Im Schrank

Ein Fall für Sebastian Bergman

Der Mann, der kein Mörder war

Die Frauen, die er kannte

Die Toten, die niemand vermisst

Das Mädchen, das verstummte

Die Menschen, die es nicht verdienen

Die Opfer, die man bringt

Hans Rosenfeldt
Wolfssommer

480 Seiten

Der Auftakt einer neuen Thrillerreihe – von einem der größten schwedischen Krimi- und Drehbuchautoren!

In der schwedischen Stadt Haparanda wird ein toter Wolf gefunden. Als die Behörden das Tier untersuchen, finden sie im Magen menschliche Überreste. Nachforschungen führen die Ermittler auf eine Spur: In Finnland ist ein Drogendeal aus dem Ruder gelaufen, es gab mehrere Tote. Und daher tauchen gleich mehrere Kriminelle in Haparanda auf – allen voran Profikillerin Katja, die für ihren russischen Auftraggeber Drogen und Geld zurückholen soll. Die leitende Polizistin vor Ort, Hanna Wester, hat noch ganz andere Probleme: Sie befürchtet, ihr Mann könnte sie verlassen, die Affäre mit ihrem jüngeren Chef macht es nicht besser. Doch Hanna steht ihre Frau.